Hakelmachers **ABC**
der Finanzen und Bilanzen

Mit freundlicher
Empfehlung von

[illegible]

Hakelmachers
ABC
der Finanzen und Bilanzen

Handreichung
für höhere Wesen und Instanzen

von

Sebastian Hakelmacher

4., überarbeitete
und erweiterte Auflage

2005

Verlag
Dr. Otto Schmidt
Köln

Bibliografische Information Der Deutschen Bibliothek

Die Deutsche Bibliothek verzeichnet diese Publikation in der Deutschen Nationalbibliografie; detaillierte bibliografische Daten sind im Internet über <http://dnb.ddb.de> abrufbar.

Verlag Dr. Otto Schmidt KG
Unter den Ulmen 96–98, 50968 Köln
Tel.: 02 21/9 37 38-01, Fax: 02 21/9 37 38-9 43
e-mail: info@otto-schmidt.de
www.otto-schmidt.de

Neue Adresse ab 1. 1. 2005:
Gustav-Heinemann-Ufer 58, 50968 Köln

ISBN 3-504-01894-1

Das verwendete Papier ist aus chlorfrei gebleichten Rohstoffen hergestellt, holz- und säurefrei, alterungsbeständig und umweltfreundlich.

Umschlaggestaltung: Jan P. Lichtenford, Mettmann

Satz: DTP-Service Renet, Korschenbroich

Druck und Verarbeitung: Clausen & Bosse, Leck

Printed in Germany

Vorwort zur 4. Auflage

Die zahlreichen wissbegierigen Leser, die im beruflichen Alltag oder bei der alltäglichen Kapitalanlage mit dem Sprachgebrauch der Manager, der Finanzwelt und der Rechnungslegung konfrontiert werden, haben eine neue Auflage des vorliegenden Aufklärungswerkes herausgefordert. Bei der Überarbeitung ergaben sich wesentliche Veränderungen durch die Einbeziehung der Corporate Governance und der internationalen Rechnungslegungsgrundsätze.

Manager, Aufsichtsräte und Abschlussprüfer können nach der Lektüre des Buches ihre gestiegene Verantwortung und Haftung besser einschätzen. Auch für Hochschullehrer, Studenten, Unternehmensberater, Juristen und andere Laien enthält dieses Werk unentbehrliche Handreichungen.

Volksdorf im September 2004 Sebastian Hakelmacher

Vorwort zur 3. Auflage

Der völlig überarbeitete Autor hat es sich nicht nehmen lassen, die neue Auflage in seinen Zustand zu versetzen. Sein absehbarer Zusammen- und ein neuer Umbruch konnten ihn nicht davon abhalten, die Zahl der behandelten Begriffe auf über 500 zu erhöhen. In ungebremster Arbeitswut hat er das Literaturverzeichnis aktualisiert, damit Doktoranden und andere Freunde der Zitierkunst noch mehr Nutzen aus der neuen Auflage ziehen können. Nur ungern hat es sich der Autor versagt, dem Alphabet neue Buchstaben hinzuzufügen.

Geblieben sind die Vorzüge des Werkes, die in dem Vorwort zur 1. Auflage anschaulich und unverbesserlich geschildert werden.

Volksdorf im September 1997 Sebastian Hakelmacher

Vorwort zur 1. Auflage

Angesichts der Dürre des Bilanzrechts ist es nicht einfach, wesentliche Begriffe des Rechnungswesens in der heißen Luft der Bilanzlehre, den Gewittern der fiskalischen Bilanzrechtsprechung und dem Dunst der praktizierten Bilanzpolitik erwartungsgerecht zu definieren. Die wahnbrechende Arbeit des Verfassers auf dem Gebiet der Management- und Bilanzleere ermöglicht dennoch das vorliegende Lexikon des Finanz- und Rechnungswesens, das scheinbar unüberwindbare Wissenslücken schließt.

Zusätzlich zur Spreu des Rechnungswesens wurde auch das Stroh finanzwirtschaftlicher Begriffe lexikalisch verarbeitet.

Als epochale Neuerung wird in diesem Fachlexikon die Mehrdeutigkeit einzelner Begriffe ohne Schonung der tradierten Auslegungen deutlich angesprochen, um dem ehrgeizigen Leser eine zielgerichtete Verwendung der Bezeichnungen zu ermöglichen. Dabei fand der Verfasser eine gewisse Unterstützung weniger bei Lieschen Müller als bei Ännchen von Kalau.

Die Vollständigkeit des Lexikons lässt sich nicht an der Zahl der erklärten Begriffe ausmachen. Banale und phantasielose Ausdrucksformen, die selbst von progressiven Bilanzwissenschaftlern kommentarlos benutzt werden, wurden im Interesse der Wesentlichkeit nur zurückhaltend in die Erläuterungen aufgenommen. Ihr Unterhaltungswert ist gering; sie finden sich in den üblichen Wörter-, Lehr- und Handbüchern zum Finanz- und Rechnungswesen.

Die Ungleichgewichtigkeit der Kommentierung einzelner Stichworte ist Zufall und Methode zugleich; sie soll dem geneigten Leser in entsprechender Beziehung zu denken geben. Im Übrigen wollen die Definitionen ernst genommen werden, ohne es immer zu sein oder umgekehrt.

Damit wird das vorliegende Werk zum unentbehrlichen Ratgeber für alle, die sich gezwungenermaßen oder freiwillig mit Bilanzen und Finanzen beschäftigen und die ihr Ansehen als Wirtschafts- und Finanzexperten geniessen wollen oder verteidigen müssen. In vorderster Front der Adressaten stehen daher herausragende Manager, angesehene Banker, unfehlbare Wirtschaftsprüfer, fleissige Steuerberater, prominente Mitglieder von Aufsichtsräten, wissensdurstige Hochschullehrer, aufgeklärte Steuerbeamte und allwissende Juristen.

Für Spitzenkräfte der Wirtschaft, die unablässig in „Search of Excellence" sind, wurden die Schlüsselbegriffe, die zum aktiven Wortschatz jedes herausragenden Topmanagers gehören, mit einem * gekennzeichnet. Damit wird das Lexikon zur unerlässlichen Karrierestütze.

Hamburg im September 1995 Sebastian Hakelmacher

Inhaltsverzeichnis

Zur Vorbereitung der Lektüre

Zur Vorfreude auf den wahnsinnig interessanten Hauptteil, die durch das reiche Stichwortverzeichnis vertieft werden kann

Zur Nacharbeit und Besinnung

Zum Zweck des Buches

*Also lautet ein Beschluss:
Dass man bilanzieren muss.
Daher bringt dies ABC
jeden Leser in die Höh,
denn er kann genaustens lesen,
was sich so im Rechnungswesen
an Begriffen und an Themen
gern entwickelt zu Problemen.*

*Wer den Jahresabschluss macht,
wird hier ebenso bedacht
wie der Profi, der gewieft
den Jahresabschluss kritisch prüft,
oder wer von Amtes wegen
sich befasst mit Rechnunglegen
oder wer ganz schier und glatt
davon keine Ahnung hat.*

*Nicht allein die Rechnungssachen
sind's, die viele Mühe machen.
Vielmehr geht's in unserer Welt
am Ende stets ums liebe Geld.
Ergänzend daher zu Bilanzen
befasst man sich gern mit Finanzen,
weshalb denn deren Alphabet
auch in diesem Buche steht.*

Zum Zweck des Buches

In jüngster Zeit konnt' man von bösen
Bilanzskandalen häufig lesen
und von Unternehmenskrisen,
die dahinter üppig sprießen.
Dies sei, sagt man, die Konsequenz
von schlechter Corporate Governance,
der man nicht die Achtung zollte,
die sie gewöhnlich haben sollte.

Hier kann das Buch dem Leser nützen:
Um ihn vor Unkenntnis zu schützen,
behandelt es die so genannte
korpulente Gouvernante.
Der Autor hofft, von A bis Z
ist dieses Werk so weit komplett,
dass es wie gestern so auch heut
die liebe Leserschaft erfreut.

Zum Gebrauch des Lexikons

Für den unvoreingenommenen Leser sollen einige nützliche Hinweise für den täglichen Gebrauch des Lexikons vorangestellt werden:

1. Man kann das Lexikon wie ein normales Buch von links nach rechts und von vorne nach hinten lesen (dies wird auch japanischen und arabischen Lesern empfohlen). Leser, die an Konzentrationsschwäche leiden, sollten wegen der geballten Informationsdichte des dargebotenen Lesestoffes den Lesevorgang spätestens nach 3 Stunden unterbrechen, um das Gelesene zu rekapitulieren.
2. Man sucht sich gezielt die umständehalber gewünschte Definition, z.B. für Präsentationen, Vorträge u.Ä., oder weil man nach Nutzung gemäß Ziff. 1 alles wieder vergessen hat. Systematisch veranlagte Leser beachten die Verweise auf andere Stichworte. Damit kann die Nutzungsdauer dem Gebrauch laut Ziff. 1 angenähert werden. Der professionelle Nutzer wird das Lexikon daher ständig präsent haben.
3. Man verschenkt das Lexikon in zahlreichen Exemplaren an bedürftige oder anderweitig zu bedenkende Zeitgenossen, um das nationale Bildungsniveau auf dem Gebiet des Finanz- und Rechnungswesens nachhaltig anzuheben. Diese Nutzungsart wird von Autor und Verlag besonders geschätzt.

4. Nur in Notfällen missbrauchen Männer oder Frauen von Welt Werke wie das vorliegende zur Stabilisierung von wackelnden Möbeln oder zu handgreiflichen Auseinandersetzungen. Es ist erwiesen, dass damit die Nutzung laut Ziff. 2 erschwert wird. Deshalb wird von dieser Nutzungsart allgemein abgeraten.
5. Das Herausreißen einzelner Blätter verspricht nur bei antiquarischen Werken (18. Jahrhundert und früher) eine lukrativere Einzelverwertung gegenüber der Nutzenstiftung des Gesamtwerkes. Verfasser und Verlag wenden sich gegen eine solche kannibalisierende Verwendung, weil sie die Nutzung gemäß Ziff. 1 und 2 wesentlich behindert.
6. Bei aller Hochwertigkeit des Lexikons ist sein Brennwert als gering einzustufen. Zur Verwendung als Fidibus siehe Ziff. 5. Eine volle Verbrennung kann nur als politische Demonstration missverstanden werden.

A

Abfindung

a) Camouflage für Unfähigkeit.

b) Zahlungen, mit denen sich ein ausgeschiedener Mitarbeiter schwer abfinden kann, aber muss.

c) Geld, das man einem, den man rauswirft, nachwirft. Bei stark überhöhten Zahlungen, mit denen sich ein Unternehmen üblicherweise von unüblichen Topmanagern freikauft, spricht man vom → „Golden Handshake".

d) Der steuerbegünstigte Bruchteil vertraglich begründeter Zahlungen an vorzeitig ausgeschiedene Vorstandsmitglieder.

✔

Ablage

a) *Führungstechnisch:* Eine wichtige Lage für Manager zur Entlastung bei Entscheidungsdruck. Als Zeichen der Ent- oder Erledigung ist die Ablage ein probates Mittel zur Verdrängung von Problemen. Die sofortige Ablage ist oft die wirtschaftlichste Form der Be- oder Verarbeitung.

b) *Buchhalterisch:* Deponie von Schriftstücken, damit sie später für Prüfungszwecke oder zur Vergangenheitsbewältigung durchgewühlt werden können.

Abschlussprüfer

Archäologe der Wirtschaft, der mit Ausgrabungen zur Erforschung der Unternehmensentwicklung beschäftigt ist und der irrtümlich für einen Zukunftsforscher gehalten wird. → Erwartungslücke

Merke: Der Abschlussprüfer hat wenig Ahnung, was im geprüften Unternehmen vor sich geht, weiß aber genau, wie das Geschehen im → Jahresabschluss abzubilden ist.

✔

Abschlussprüfung

Dopingkontrolle der → Rechnungslegung; notwendiges Übel bei publizitätspflichtigen Unternehmen. Für den → Abschlussprüfer (1) bei HGB-Abschlüssen (→ Bilanzrecht) Gratwanderung zwischen Mandatsschutz und → Gläubigerschutz zu der am Ende liegenden → Erwartungslücke; (2) bei IAS/IFRS-Abschlüssen die Kunst, die Realität als Idee des → IASB abzubilden.

✔

Abschreibungen

Abschreibungen können sein a) Abschriften, b) Aufwendungen, c) vorübergehende Steuerersparnis oder d) Kosten.

a) Literarische Abschreibungen

Bevorzugtes Verfahren zur Herstellung von moderner Literatur und zeitgemäßen wissenschaftlichen Abhandlungen. In juristischen Kommentaren die wesentliche Ursache für das Entstehen herrschender Meinungen.

Gekennzeichnete Abschreibungen heißen *Zitate*. Ihre Anzahl und ihr Umfang bestimmen wesentlich die Benotung wissenschaftlicher Arbeiten. Verdeckte Abschreibungen sind die Würze wissenschaftlicher Abhandlungen; sie beeinflussen ohne wesentliches Zutun des Autors quellenabhängig und geschicklichkeitsbedingt die Beurteilung von Examensarbeiten, Dissertationen und Gutachten. Erkennbare, aber nicht gekennzeichnete Abschreibungen nennt man Plagiat. Sie mindern das Ansehen des Autors.

b) Bilanzielle Abschreibungen

unterteilt das → Bilanzrecht in planmäßige und außerplanmäßige Abschreibungen. *Planmäßig* heißt, dass die → Anschaffungs- oder Herstellungskosten nach einer bestimmten Methode über die geplante Nutzungsdauer des Anlagegutes verteilt werden. Da Planung den Zufall durch Irrtum ersetzt, sind planmäßige Abschreibungen oft irrig. Es bedarf der *außerplanmäßigen* Abschreibungen, um irrtümliche Abschreibungen zu korrigieren.

Die Bilanzierungspraxis (→ Bilanzmanagement; → Bilanzpolitik) unterscheidet demgegenüber wirkungsvoller zwischen kaum vermeidbaren und ergebnisbedingten Abschreibungen. *Kaum vermeidbar* sind Abschreibungen dann, wenn der Wert eines → Vermögensgegenstandes nachhaltig und für → Abschlussprüfer unübersehbar unter seinen Anschaffungs- oder Buchwert gesunken ist. Vom Topmanagement werden sie im Grunde nur als *ergebnis-*

bedingte Abschreibungen akzeptiert. *Ergebnisbedingte* Abschreibungen fallen an, wenn das gewünschte Ergebnis sie zulässt oder verlangt.

Nicht notwendige oder ergebnisbedingte Abschreibungen werden unternehmensintern positiv beurteilt, wenn sie zu Steuerersparnissen führen und Bestandteil des allseits beliebten → Cashflow sind.

c) Steuerliche Abschreibungen

mindern das steuerpflichtige Ergebnis oder Einkommen. Als überschätztes Mittel zur Steuerersparnis, insbesondere in Form von → Sonderabschreibungen, sind sie ein schlagkräftiges Argument für unwirtschaftliche Investitionen. Daher auch AfA = *Anreiz für Ahnungslose* genannt. Als besonders AfA-gefährdet gelten (noch) wohlhabende Ärzte, Zahnärzte und Rechtsanwälte.

d) Kalkulatorische Abschreibungen

sind eine Gemeinheit der Kostenrechner zur Behinderung frei agierender Manager. Vertriebsleute sehen ihren Ansatz als prohibitives Mittel zur Verhinderung kundenfreundlicher Preisstellung oder zur Schmälerung ihrer Verkaufsprovision.

✔

Abschreibungsgesellschaften

Gesellschaften, die unrentable Investitionen dadurch finanzieren, dass ihre Gesellschafter glauben, morgen davon leben zu können, was sie heute ausgegeben haben.

Abzocken

(vulgär) Annahme von Geld durch Ausnehmen anderer Personen.

Im Wirtschaftsleben maßlose → Bezüge, die zu Lasten des eigenen Unternehmens oder Dritter schamlos gewährt und ebenso hingenommen werden, z. B. in Form von Abfindungen, Entschädigungen, Honorar oder Prämien.

✔

Accounting for Growth

(engl. = Wucherbilanzierung) Der Hang zum Gewinnausweis ohne erfolgreiche Geschäftstätigkeit. Angloamerikanische Variante des professionellen → Bilanzmanagements.

✔

AfA

(Abk.) Anreiz für Ahnungslose. → Abschreibungen

✔

AG

Verbreitete Abkürzung für „Aktiengesellschaft" – eine angesehene Rechtsform für größere Unternehmen, bei denen die Eigentümer nichts zu sagen haben (AG = arme Gesellschafter), die von einem → Vorstand nach eigenem

Ermessen geleitet werden (AG = autonomes Gutdünken), der von einem → Aufsichtsrat überwacht werden soll (AG = angebliche Geschäftsführungskontrolle) und deren → Jahresabschluss von einem öffentlich bestellten → Wirtschaftsprüfer zu prüfen ist (AG = amtlich getestet).

✔

Agio

(= Aufgeld) Der über den Nennwert der Aktie hinausgehende Ausgabebetrag, der von der Verwaltung der AG adagio (= bequem), d.h. möglichst hoch festgelegt wird.

✔

AG-Komplex

a) Gesamtheit aller Gene, die für die Ausbildung der Geschlechtsmerkmale verantwortlich gemacht werden. Daraus abgeleitet der übertragende Irr-Sinn b).

b) Die bei kritischer Situation der AG einsetzende Verwirrung des Vorstands, der plötzlich nicht mehr weiß, ob er Männchen oder Weibchen ist.

A

Aktie

a) Schein des Anteils an einem Unternehmen. Los der Börsenlotterie, dessen Besitzer → Aktionäre genannt werden.

b) Geflechtsbeziehung zwischen → Aktionär und → AG. Eintrittskarte für Teilnehmer der → Hauptversammlung, die zur Entgegennahme des Lunchpaktes oder ähnlicher Naturalien sowie – bei entsprechender → Vorlage der Verwaltung und Beschlusslage der Hauptversammlung – zum Bezug einer → Dividende berechtigt.

✔

Aktiengesellschaft

→ AG

✔

Aktienoption

a) *Allgemein:* Das Recht, unter bestimmten Bedingungen Aktien erwerben oder bekommen zu können. Beliebt bei Neugründungen oder nachhaltigen Verlusten der AG, die mangels Kasse keine Zahlungen leisten kann.

b) *Speziell:* Als erfolgsorientierte Vergütung für Vorstandsmitglieder in Mode gekommen, weil sie im Jahresabschluss nicht zu entdecken war. Beliebtes Mittel, um die

Bedenken betroffener Spitzenkräfte gegen eine Fusion oder Übernahme zu zerstreuen.

Der Geschmack an Aktienoptionen ist inzwischen durch die vom → IASB postulierte Bilanzierung verdorben worden.

✔

Aktionär*

Der naive Teil einer → AG.

Residualadressat der → Rechnungslegung, dessen Informationsbedürfnisse erst nach denen der → Finanzanalysten, professionellen → Aktionärsvertretern und → Banken betrachtet werden.

In der Rangfolge der Wertschätzung und des Respekts der → Verwaltung der AG unterscheidet man: die relativ harmlosen Kleinaktionäre, die zu observierenden Großaktionäre und die eher störenden Haupt-, Mehrheits- und Alleinaktionäre sowie die lästigen Minderheitsaktionäre.

Der Kleinaktionär ist das Kanonenfutter in der Diskussion um die Dividendenhöhe oder um jede Aktienrechtsreform. Großaktionäre, die nicht zu den nachfolgenden Aktionärsklassen gehören, werden vom Vorstand hofiert, aber nicht sonderlich ernst genommen; sie riskieren mehr als die Kleinaktionäre, erhalten aber weniger Mitleid.

Hauptaktionär ist der größte Aktionär ohne Mehrheitsbesitz. Bei ungünstiger Aktionärs- und Vorstandsstruktur gerät er in die gleiche missliche Lage wie der gemeine Großaktionär.

Der *Mehrheitsaktionär* kann die AG beherrschen, muss aber theoretisch auf die Minderheitsaktionäre Rücksicht nehmen. Glücklich scheint allein der *Alleinaktionär*, wenn und solange die AG erfolgreich tätig ist. Minderheitsaktionäre sind lästig, wenn sie dunkle Absichten der → Verwaltung der AG oder den Mehrheitsaktionär kritisieren.

✔

Aktionärsvertreter

Aktionärsvertreter vertreten als Vertreter der Aktionäre ihre Interessen. Sie treten auf als Abgesandte von Banken (verwaltungsfreundliche, unauffällige Form), von Aktionärs- und Schutzvereinigungen (harmlose bis kritische Spezies) oder von Hochschulen (militante Abart).

Die professionelle Aktionärsvertretung ist ein gesetzlich nicht geregelter Lehrberuf für Anwälte, Hochschullehrer und andere Streithähne, der als etablierter Redner in den Hauptversammlungen von Publikumsgesellschaften abgeschlossen wird. Die Ausbildung beginnt mit der prinzipiellen Opposition zu den Beschlussvorlagen der Verwaltung und führt über die Polemik und schrittweise Korrumpierung durch die Verwaltung zum anstelligen Vorredner und festen Regiebestandteil großer Hauptversammlungen. Als solcher trägt der Aktionärsvertreter provokante, aber mit der Verwaltung abgestimmte oder überflüssige Fragen zum Jahresabschluss bedeutsam vor, lobt mit Vorsatz den → Vorstand im Allgemeinen und fordert ohne Nachdruck höhere → Dividende im Besonderen.

✔

Aktiva

Eine durchaus wesentliche Seite der Bilanz, die Anschaffungs-, Rest- oder Niederstwerte oder → Zeitwerte der in Form des → Betriebsvermögens verschwendeten Kapitaleinlagen und Kredite ausweist. Gegenseite = → Passiva

✔

Aktivierte Eigenleistungen

a) Zeugnis des aktiven → Bilanzmanagements.

b) Noch nicht verbrauchte Aufwendungen für selbst erstellte Anlagen oder Vorräte.

✔

Amortisation

(franz. = Abtötung)

a) Vernichtung von → Vermögenswerten durch Abschreibung oder von → Schulden durch Tilgung.

b) Wiedergewinnung der Investitionsausgaben durch Abschreibungserlöse.

✔

Amortisationszeit

Zeitraum, in dem ein Investitionsprojekt kalkulatorisch abgeschrieben ist. Kritisches Kriterium zur Ent- oder Ermutigung der Investitionsbereitschaft. Seine Verlängerung ermöglicht die Abtötung von zukunftsweisenden Investitionen, seine Verkürzung dient zur Beruhigung bei brisanten Investitionsentscheidungen.

✔

Anhang

Unwichtige Ergänzung bedeutender Personen oder Sachen.

a) *Attribut* der Bedeutung von Persönlichkeiten = unbedeutende Begleitung von bedeutenden Persönlichkeiten, die Verantwortung für Erfolg, sonst aber nichts, nicht einmal Reisegepäck tragen können. Die wichtigste Form des Anhangs stellen die Hoffnungs- oder Aktenträger für → Spitzenkräfte in Politik und Wirtschaft dar.

b) Bei Kapitalgesellschaften neben Bilanz und Gewinn- und Verlustrechnung der dritte *Bestandteil des Jahresabschlusses*. Gedacht als Ablass für Sünden wider den → True and Fair View. In kritischen Fällen wird über Inhalt und Wortlaut des Anhangs zwischen Vorstand und Abschlussprüfer ohne Ablass verhandelt (= Ablasshandel). Wegen seiner grauenhaften Angaben zur Bilanz und Gewinn- und Verlustrechnung als „grauer Teil" des optisch anspruchsvolleren → Geschäftsberichtes bezeichnet.

c) Gesondert gehefteter Teil des → *Prüfungsberichtes* des Abschlussprüfers, der dem → Aufsichtsrat wegen seiner Aussagekraft nicht zugemutet wird. Nachschlagewerk für Hauptbuchhalter, Wirtschafts- und Steuerprüfer. Von Berichtschirurgen häufig als Instrument zur Straffung oder Kastration des Prüfungsberichtes genutzt, ohne das Gewicht der Berichterstattung zu verringern.

✔

Anlagen im Bau

a) Noch nicht aus dem Gebäude entfernte Anlagen.

b) Bilanzposten für jene Anlagengegenstände, an denen am Bilanzstichtag noch gebaut wird.

c) Anlagen im Gefängnis.

✔

Anlagespiegel

Spiegelbild der Investitionsfreudigkeit oder -unlust des Unternehmens. Beeinträchtigung des Layouts von → Geschäftsberichten durch mehrspaltige und vielzeilige

Aufgliederung des → Anlagevermögens (c) nach Posten und Entwicklung derselben

✔

Anlagevermögen

a) Fähigkeit, Hauptschriftstücke von wesentlichen Inhalten dadurch zu entlasten, indem diese in einer oder mehr Anlagen verschwinden.

b) Wertvoller Besitz in Form von Grün- und Parkanlagen.

c) Allerlei Gegenstände, die bestimmt sind, dauernd dem Geschäftsbetrieb eines → Kaufmanns zu dienen. → „Dauernd" besagt, dass Anlagen nicht verbraucht, sondern gebraucht werden. Sie werden genutzt, verschleißen und werden eines fernen Tages unbrauchbar. Man unterscheidet → Sachanlagen und → Finanzanlagen.

✔

Anleihe

a) Geistige Anleihe = diejenige, die der Leser beim Autor sucht und die dieser auf Grund der Lektüre anderer Autoren gewähren kann.

b) Besondere Form der Kreditaufnahme der öffentlichen Hand zur Finanzierung von Staatsausgaben, öffentlichen Anlagen u. a. (öffentliche Anleihe), oder von Unternehmen, z. B. Industrieobligationen.

Annual Report

(engl. = Jahresbericht) Jahresabschluss; → Report; → Geschäftsbericht

✔

Annuität

(lat. anus = After) Auswurf nach (engl. = after) einer Kreditaufnahme in Form jährlich gleichbleibender Zahlungsraten zur Verzinsung und Tilgung des Kredits.

✔

Anschaffungskosten

Anschaffungskosten ergeben sich aus dem Anschaffungspreis und den Anschaffungsnebenkosten, sind aber im Bilanzrecht keine Kosten, sondern aufgeschobene Aufwendungen.

Merke: Die Anschaffungskosten sind beim Kauf von Unternehmen oder privaten PKWs oder bei der Anschaffung eines Partners oder Partnerin der geringste Teil der Gesamtaufwendungen.

✔

Anteilnahme

a) Zeichnung von Aktien oder anderen Gesellschaftsanteilen oder Erwerb von → Beteiligungen. Die Anteilnahme an Aktiengesellschaften sowie deren Aufgabe in

Höhe von 5, 10, 25 sowie von mehr als 50 und 75 % des gezeichneten Kapitals ist öffentlich bekannt zu geben.

b) Beharren unfreundlicher Gesellschafter auf Entnahme ihres Gewinnanteils oder auf Ausübung von → Bezugsrechten.

c) Entgegennahme der Vergleichsquote.

d) Großen Anteil an Gewinn und Gut nimmt gemeinhin der → Fiskus.

✔

Anzahlungen

Vorauszahlungen für den Erwerb eines Vermögensgegenstandes, die aus Gewohnheit (z.B. Maschinenbau) oder auf Grund der eigenen Wettbewerbsstärke dem Kunden abverlangt oder aus weniger rationalen Motiven des Erwerbers gezahlt werden.

✔

Approach*

(engl. = Annäherung) Üblicher Lösungsansatz des → Unternehmensberaters, mit dem er sich in unsicherem Gelände bewegt und der – von den Mandanten meist unerkannt – zum Ausdruck bringt, dass die Zielerreichung nicht sein Metier ist.

Assoziiertes Unternehmen

Dem Gesellschafter „zugeselltes" Unternehmen, das er nicht beherrscht (→ Beherrschung), das er aber maßgeblich beeinflussen kann.

✔

At-arm's-length

(engl. Kürzel für „am ausgestreckten Arm verhungern lassen") Menschenfreundliches Prinzip, das u.a. bei konzerninternen → Verrechnungspreisen anzuwenden ist, um den Fiskus und etwaige Minderheitsgesellschafter zufrieden zu stellen.

✔

Audit Committee*

(amerik.) Prüfungsausschuss des anglo-amerikanischen → Boards. Versuch, die systematischen Schwächen dieses Verwaltungssystems, bei dem Geschäftsführung und Überwachung der Geschäftsführung nicht getrennt sind, zu mildern. Das Audit Committee setzt sich daher ausschließlich aus Non-executive Directors zusammen, unter denen sich wenigstens ein → Financial Expert befinden muss.

Bei börsennotierten Unternehmen in USA und UK vorgeschriebene Einrichtung zur verschärften Überwachung des Managements, zur Auswahl und Erziehung der → Abschlussprüfer sowie zur Überwachung der unternehmensinternen Kontrollen.

✔

Aufsichtsrat

(indianisch: der auf Sicht ratet; häufiger Häuptlingsname)

Hoch stehendes und sensibles Organ, das vor allem bei großen → Kapitalgesellschaften prachtvoll entwickelt ist.

Der Aufsichtsrat setzt sich aus natürlichen Personen zusammen, die als Interesse des Unternehmens die Interessen ihrer Wählerschaft vertreten. Er ist umso professioneller besetzt, je mehr Aufsichtsratsmandate seine Mitglieder inne haben. Formale Würde und abnehmende Effizienz des Aufsichtsrates erreichen mit der qualifizierten → Mitbestimmung ihre komplizierte Vollendung.

Die Aufsichtsratstätigkeit wird als standesgemäße Nebenbeschäftigung pensionierter Vorstandsmitglieder, hoher Gewerkschaftsfunktionäre und anderer Spitzenkräfte ausgeübt; also Personen, die man überall hinstellen kann, nur nicht auf die Probe.

Der Aufsichtsrat hat außer dem → Vorstand nichts zu bestellen, ist aber immerhin als zweitrangiger, d.h. dem → Abschlussprüfer nachgeordneter Prüfer des → Jahresabschlusses vorgesehen.

Die Hauptaufgabe des Aufsichtsrates ist es, den Vorstand auf der Grundlage von Selbstanzeigen zu überwachen. Diese Zumutung für den Vorstand liefert selten Anhaltspunkte, die den Aufsichtsrat nervös machen können. Ein souveräner Aufsichtsrat ist daher überzeugt, dass seine Existenz allein Überwachung genug ist.

✔

Aufwand

Wertmäßiger Verbrauch von Gütern und Dienstleistungen in einer Periode, der nach kaufmännischem Verständnis den Ertrag der Periode nicht übersteigen sollte. → Verlust

✔

Ausfallrisiko

a) Risiko für zahlungsunwillige oder zahlungsunfähige *Schuldner,* dass der → Gläubiger ihnen gegenüber ausfallend wird.

b) Risiko für den *Gläubiger,* dass seine → Forderung ausfällt.

✔

Ausgaben und Einnahmen

→ Einzahlungen, Einnahmen …

Auskunfterteilung

Ungemein lästige, aber abgestufte Verpflichtung des Vorstandes einer AG gegenüber a) Aufsichtsrat, b) Abschlussprüfer und c) Aktionären.

a) Selbstanzeige des Vorstandes gegenüber dem *Aufsichtsrat*, der von diesem durch unübliches Nachfragen sogar zum Geheimnisverrat gezwungen werden kann.

b) Abwägende Auskunftserteilung nach dem Motto: einem *Abschlussprüfer* kann man nichts vormachen, aber er merkt nicht alles (§ 320 Abs. 2 HGB).

c) Beitrag des Vorstands zum unterhaltenden Teil der → *Hauptversammlung*.

✔

Auslandstagegeld

In Reisekostenordnungen und in steuerlichen Vorschriften festgelegte niedrige Pauschalsätze für Verpflegung und andere Bedürfnisse, um die Fernreiselust von Mitarbeitern bzw. Steuerpflichtigen zu dämpfen.

✔

Ausschuss

Bezeichnung von Teilmengen, die sich qualitativ von der Gesamtmenge unterscheiden, und zwar positiv oder negativ.

a) Fehlerhafte Erzeugnisse; Fehl- oder Minderleistung der Produktion.

b) Im übertragenen Sinn: Untergremium eines Gesamtgremiums, dem zur Ausgrenzung von Mitgliedern minderen Ansehens oder – weniger gebräuchlich – unter Konzentration auf Sachkenntnis, bestimmte Aufgaben übertragen werden. Gedacht zur Leistungsverbesserung oder Entlastung des Gesamtgremiums, aber häufig als Substitut von raschen oder sachgerechten Problemlösungen eingesetzt.

c) Bewährte Einrichtung zur Absorbierung von Kompetenz.

✔

Außenfinanzierung

Kapitalbeschaffung eines Unternehmens außerhalb seiner selbst, bei der die Kapitalgeber außer sich geraten, wenn die Kapitalverzinsung gefährdet ist. Zerfällt in → Eigenfinanzierung und → Fremdfinanzierung.

✔

Außenprüfung, steuerliche

Kostspielige Kundenbesuche des Finanzamtes zur Förderung der fiskalischen Ausbeute, die sich oft unerträglich in die Länge ziehen.

Belegausgrabungen, die steuerpflichtige Scherben aus früheren Jahren zutage fördern. → Ablage

✔

Außensteuerrecht

Ans Äußerste gehende Besteuerung von ausländischen Einkünften, die sich der Fiskus nicht entgehen lassen will.

✔

Außerordentliche Aufwendungen und Erträge

Eine ordentliche Abgrenzung der außerordentlichen Aufwendungen und Erträge stößt auf enorme Schwierigkeiten, sodass diese Kategorie vom → IASB aus Verzweiflung aufgegeben wurde. Als ungewöhnlich hilfreich erweist sich folgender exzeptioneller *Fragenkatalog:*

Handelt es sich bei den außerordentlichen Posten schlicht um ungewöhnliche Aufwendungen oder Erträge? Ist auszuschließen, dass die in Frage stehenden Posten sogar außergewöhnlich sein müssen? Müssen diese Posten gar einen exotischen Charakter aufweisen?

Was ist, wenn im normalen Geschäftsbetrieb ungewöhnlich häufig unerträgliche Aufwendungen vorkommen? Ist ein anormaler Aufwand gewöhnlich als außerordentlich einzustufen? Kann es in einem unordentlichen Betrieb ordentliche Aufwendungen geben, wenn sie normalerweise ungewöhnlich sind?

Kann es toleriert werden, dass sich das bilanzierende Unternehmen an ungewöhnliche Posten so gewöhnt, dass sie zu gewohnten Ergebnissen werden? Gilt selbst das als ungewöhnlich, was außergewöhnlich häufig zur *Normalität* gehört, aber stets ordentlich moniert wird?

Sind die außerordentlichen Aufwendungen und Erträge die *Perversion* der ordentlichen Posten oder haben alle abartigen außerordentlichen Posten, wenn sie regelmäßig auftreten, als ordentliche Posten zu gelten? Würde sich ein ungewöhnlicher Topmanager oder ein außerordentliches Vorstandsmitglied mit gewöhnlichen Ergebnissen zufrieden geben?

Unbeschadet der ordentlichen Beantwortung dieser ungewöhnlichen Fragen verfährt die gewöhnliche *Bilanzierungspraxis* nach folgender Regel: Ungewöhnliche Beträge neigen dazu, als ordentliche Erträge oder als außerordentliche Aufwendungen eingestuft zu werden. Abweichungen konnten nur bei extrem guter Ertragslage beobachtet werden.

✔

Autoritäres Bilanzmanagement

a) *Veraltet:* Hier darf so bilanziert werden, wie gemäß dem Top-Management bilanziert werden muss.

b) *Zeitgemäß:* Ausrichtung der Realität nach den Bilanzvorstellungen des → IASB.

B

Backwardation

Rückzug des Spotpreises in der Zukunft. Gegenteil: → Contango.

✔

Badwill

Strafabschlag für Missmanagement beim erworbenen Unternehmen, der gern als „Lucky Buy" gedeutet und daher in der Konzernbilanz als Rücklage behandelt wird. Gegenteil: → Goodwill.

✔

BAFin

(Abk.) Bundesanstalt für Finanzdienstleistungsaufsicht. Die wulstige Bezeichnung ist Programm. Die BAFin soll u. a. das → Enforcement hoheitlich durchsetzen.

✔

Baisse*

Kursbewegung für Wertpapiere in Richtung auf deren Papierwert. Daher auch Unterkühlung der → Börse mit hitzigem Kursverfall oder niedrigem Kursstand. Gegenteil: → Hausse.

Baissier

Börsenprofis, die eine Baisse erwarten und bei denen der Bär los ist. Sie reagieren „bearish" (cngl. = bärig) und gelten bei den → Haussiers als unentbärlich.

✔

Bank

Ursprünglich gedacht als Einrichtung, um Kraft zu schöpfen, z. B. die Sitzbank, die Spielbank oder die Ruhebank.

Im kaufmännischen Bereich eine Einrichtung, um in Form von Krediten Geld (= wirtschaftliche Kraft) zu schöpfen, wofür man durch Zinsen und Provisionen geschröpft wird. → Banker; → Bankkredit

✔

Bankenpool

Kartell von Banken, um gemeinsam den Kunden auszunehmen (z. B. in Form von Provisionen) oder um sich ihm gegenüber mehr Rechte herauszunehmen (z. B. in Form von Zinsen oder Kreditsicherheiten).

Merke: Wenn der Kreditnehmer baden geht, rettet der Bankenpool den Ertrinkenden erst, wenn er die Ansprüche seiner Mitglieder ins Trockene gebracht hat.

Banker

(engl. = Bankangestellter oder Bankdirektor)

Repräsentant eines Kreditinstituts, der durch ständiges Reden über finanzielle Angelegenheiten zu der Überzeugung gelangt ist, dass er alle Probleme jedes Unternehmens versteht. Inzwischen nicht mehr zeitgemäße Zierde in → Aufsichtsräten.

✔

Bankgeheimnis

a) Geheimnisvolles, d. h. nicht nachvollziehbares hohes Ansehen der Repräsentanten von → Banken.

b) Hohe Gewinne bei Banken, die angeblich nicht zu Lasten von Kunden entstanden sind.

c) Werbewirksame Vertraulichkeit der Geschäftsbeziehungen zwischen Banken und ihren Kunden, die stets zugesichert, aber im Ernstfall teils aus Geschwätzigkeit, teils aus höherem, z.B. fiskalischem Interesse durchlöchert wird. → Chinese Wall

d) Frühlingserwachen in der Zweisamkeit.

✔

Bankkredit

bekommt man nur gegen den Nachweis, dass man ihn nicht braucht.

Beherrschung

a) *Allgemein:* Schwer zu bewahrende Eigenschaft, die ein Topmanager nie verlieren sollte.

Der Topmanager sollte sein Fach und sich beherrschen. Der Aufsichtsrat muss sich beherrschen, nicht in die Geschäftsführung einzugreifen. Für die Leitung von Konzernen ist die Beherrschung von Tochterunternehmen unverzichtbar.

b) *Bilanzrechtlich:* Beherrschung liegt vor, wenn der Gesellschafter die Mehrheit der Stimmrechte oder die Möglichkeit hat, die Mitglieder des Verwaltungsorgans zu berufen oder abzuberufen, oder das Recht hat, einen beherrschenden Einfluss auszuüben.

Merke: Die Beherrschung der englischen Sprache ist für das Verständnis der internationalen Rechnungslegungsgrundsätze zwar wenig hilfreich, aber auch nicht ausgesprochen schädlich.

✔

Belegprinzip

a) Ursprünglich: Von Lord Sandwich (1718–1792, Erfinder der Zwischenlösung) entwickelter Grundsatz: Ohne Beleg gibt's nichts. (ursprünglich „ohne Belag ...")

b) Heute verkommen zum Belegprinzip, nach dem keine Buchung ohne Beleg erfolgen darf. Die steuerliche Abart lautet: kein Abzug ohne Beleg.

Anhänger des strengen Belegprinzips fordern instinktiv bei jeder fremdbezogenen Leistung einen Beleg an, z.B. für das Haareschneiden. Fanatiker sammeln sogar geeignete Belege von Bekannten. Der *Beleger* verspricht ein neuer Ausbildungsberuf zu werden, denn an den Beleginhalt werden, insbesondere seitens des → Fiskus, zunehmend hohe Anforderungen gestellt.

Bei *Bewirtungsbelegen*, die ohnehin nur zu 80% Steuerabzug berechtigen, beansprucht ihre Ausstellung mehr Zeit als die Zubereitung und der Verzehr der abzurechnenden Speisen und Getränke. Erleichterung verschaffen EDV-Programme, die bei Eingabe der Personenzahl die Namen von bewirteten Geschäftskunden und für jeden gewünschten Endbetrag automatisch das zutreffende Menü nebst Getränken und vertretbarem Trinkgeld ausdrucken.

c) Belegen von Vorlesungen und Seminaren an den *Hochschulen*, auch wenn man sie nicht besucht.

d) Vorsorgliches Reservieren von Liegestühlen und anderen Niederlagen im Hotel oder Kongress-Center, wenn man einen Tagesausflug plant.

e) Wichtiger Grundsatz in der *Tierzucht*.

✔

Benchmarking*

a) Einsägkerben am Stuhl des Vorgesetzten.

b) Maßstab für unerfüllbare Ziele, um überzogenen Tantiemevorstellungen von Managern entgegenzuwirken.

c) Marketingtool der Geld- und Kapitalanleger, jedoch ohne nachteilige Konsequenzen für dieselben, da die Anlagen für Rechnung unschuldiger Dritter erfolgen.

✔

Berater

→ Unternehmensberater

✔

Beraterkrankheit

a) Beim *Topmanager:* Verbreiteter Irrglaube, dass externe Berater mehr wissen als eigene Mitarbeiter.

b) Beim *Berater:* Seine Diagnose.

✔

Besserungsschein

a) Der trügerische Schein, dass sich die Lage eines Unternehmens in der überschaubaren Zukunft bessern wird.

b) Schriftliches Versprechen, bei Eintritt bestimmter, aber ungewisser Umstände gewisse Leistungen zu erbringen oder Zahlungen zu leisten.

Bestätigungsvermerk

→ Testat

✔

Bestandsveränderung

Die Erhöhung oder Verminderung der ohnedies überhöhten Bestände an unfertigen und fertigen Erzeugnissen.

✔

Bestellung

a) Abschluss eines Liefer-, Werkliefer- oder Werkvertrages für Produkte oder Dienstleistungen. Auftragserteilung für Lieferungen und Leistungen.

b) Amtshandlung hochgestellter Institutionen, Organe oder Persönlichkeiten zur Ernennung von natürlichen Personen zu Inhabern ansehnlicher Ämter, wie z. B. Inthronisierung von Vorstandsmitgliedern.

✔

Beteiligungen

Anteile an anderen Unternehmen, die eine unterschiedlich ausgeprägte Mittäterschaft bei Aktivitäten dieser Unternehmen ermöglichen und für die man dann mehr oder weniger haftet.

Bei Kapitalgesellschaften wird bei einem Anteilsbesitz von mehr als 20 % gesetzlich eine Beteiligung vermutet; die Widerlegung der Vermutung wird dem Beteiligten zugemutet.

✔

Betriebliche Altersversorgung

a) Beim *Verpflichteten:* Zusagen der Vergangenheit, die man sich heute nicht mehr leisten kann.

b) Beim *Begünstigten:* Zahlungen für Leistungen der Vergangenheit, mit denen man sich heute wenig leisten kann.

✔

Betriebskredit

→ Kredit

Merke: Betriebskredite sind Sonnenschirme, die bei Regen eingesammelt werden.

✔

Betriebsprüfer

Kundenbetreuer des Finanzamtes, die den Richtlinien ihres Dienstherren verfallen sind und dem Unwillen der Steuerpflichtigen und der Kritik des Rechnungshofes begegnen.

Erreger fiskalischen Unwohlseins. → Außenprüfung, steuerliche

✔

Betriebswirtschaftslehre

Banalitäten, dic mittcls mathematischer Formeln und englischer Fachausdrücke wissenschaftlich erklärt werden.

✔

Bewegungsbilanz

Visualisierte Dynamik der Bilanzstatik, mit der die Zu- oder Abnahmen von Bilanzposten als Herkunft bzw. Verwendung von Mitteln interpretiert werden.

Heute zunehmend verdrängt durch die aussagekräftigere → Kapitalflussrechnung.

✔

Bewertung

Undurchsichtiges *Verfahren*, um den Wert einer Sache, eines Rechts oder einer Leistung zu bestimmen, z.B. beim Eiskunstlauf oder Boxsport. Jede Wertfindung steht unter dem Motto „Es kommt darauf an", d.h. wissenschaftlich ausgedrückt: Alle Werte sind relativ.

Wenn sich der *Kaufmann* zur → Bilanzierung der Vermögens- und Schuldposten durchgerungen hat, kann er ihrer Bewertung nicht mehr ausweichen. Die Vielfalt der obwaltenden Umstände, subjektive Wertschätzungen sowie unübersehbare Bewertungsvorschriften sorgen für die systemimmanente Verwirrung der → Rechnungslegung.

✔

Bewertungseinheit

a) Gremium von → Standardsetzern, das sich mit Bewertungsfragen befasst, ohne die tatsächlichen Sachverhalte zu kennen.

b) Prüfer, die sich zusammenrotten, um Bewertungsfragen für undurchschaubare Sachverhalte zu klären.

c) Teilmengen, die man für die Bewertung als Gesamtmenge betrachtet, weil sie in einem mehr oder minder engen Funktionszusammenhang stehen. Die Bildung größerer Bewertungseinheiten ist ein beliebter, aber nicht immer erfolgreicher Versuch, die Schmerzen der → Einzelbewertung zu mildern.

✔

Bewertungsmethode

Verfahren zur Ermittlung von Wertansätzen.

Bewertungsstetigkeit

Wichtiger → Grundsatz ordnungsmäßiger Buchführung:

a) Die Vermögens- und Schuldposten der Bilanz sind stets zu bewerten.

b) Der Wahnsinn des gewählten Wertansatzes soll als Methode auch in Zukunft beibehalten werden. *Änderungen* sind nur in Ausnahmefällen erlaubt, z.B. bei Unternehmenskrisen, um damit Panik von Aufsichtsräten, Gläubigern, Aktionären und andere Betroffenen zu vermeiden bzw. zu verzögern, oder bei Änderung der Konzernzugehörigkeit als Ausdruck der Konzernloyalität.

✔

Bewertungswahlrecht

Von → Bilanzlehrern überschätzte Manipulationsmasse für den professionellen → Bilanzmanager. Stoff für die Albträume der → Bilanzanalysten.

✔

Bewirtungsspesen

Ungesunde Ausgaben zur Unterstützung des Gaststättengewerbes. Stachel im Gesäß des Fiskus, der nur noch zu 80 % eindringt. → Spesenritter

Beziehungen

Grad der Verbundenheit oder Distanz zwischen natürlichen und juristischen Personen (→ Nahe stehende Personen). Für die persönliche Karriere und für die → Unbefangenheit gilt gleichermaßen: Beziehungen sind mit Abstand am besten.

✔

Bezüge*

Während Beamte und amtliche Schreiben Bezug nehmen, bekommen → Vorstand und → Aufsichtsrat Bezüge, die den Leistungen der Organmitglieder und der Lage der Gesellschaft angemessen sein sollen, was im Gedränge der Leitung und Überwachung oft übersehen wird.

Obwohl die Bezüge der Organmitglieder nicht einfach als deren Verdienst interpretiert werden dürfen, empfiehlt der → Deutsche Corporate Governance Kodex die Veröffentlichung der individuellen Bezüge. Bei dieser dramatischen Problematisierung wurde vergessen, dass nach § 286 Abs. 4 HGB sogar auf die Gesamtangabe verzichtet werden darf, wenn damit die Bezüge einzelner Personen identifiziert werden können.

Bezugsrecht

Privileg des Aktionärs, sich an Kapitalerhöhungen anteilig beteiligen zu dürfen, das nur unter bestimmten Umständen ausgeschlossen werden darf.

✔

Bilanz

Bilancio (lat.) = zwei Waagschalen habend. Dem Laien schleierhafte doppelspaltige Aufstellung des Vermögens und der Schulden des Kaufmanns bzw. Unternehmens, die teils mit → Aktiva und teils mit → Passiva bezeichnet werden.

Merke: Die Bilanz gleicht dem Bikini: Sie verbirgt das Interessanteste.

✔

Bilanzanalyse

Striptease der Bilanzzahlen zur Herstellung von Bilanzpornos.

Von Finanzanalysten, Hochschullehrern, Wirtschaftsjournalisten, und anderen Laiengruppen überschätzte Beurteilung der → Lage des Unternehmens anhand des Jahres- oder Konzernabschlusses. Von Juristen und anderen Theoretikern zur Überwachung der Geschäftsführung empfohlen.

Bilanzanalyst

Ein Mensch, der eine Bilanz so schlecht machen muss, wie sie tatsächlich ist.

✔

Bilanzausschuss

Ausschuss des Aufsichtsrates zum Zerkleinern des Jahresabschlusses und zur Verdauung der Abschlussprüfung. → Prüfungsausschuss

✔

Bilanzexperte

Person mit der anerzogenen Fähigkeit, sich an komplizierten Un- und Missverständlichkeiten des Bilanzrechts zu erfreuen und darüber weitschweifige Abhandlungen zu verfassen. Als → Standardsetzer entpuppt sich der Bilanzexperte als genialer Erfinder unnötiger Komplikationen der → Rechnungslegung.

✔

Bilanzfälschung

liegt vor, wenn man so bilanziert wie man nie gearbeitet hat.

Bilanzgewinn

Residualanspruch der Aktionäre: Der von Vorstand und Aufsichtsrat übrig gelassene Gewinnrest, über dessen Verwendung die Hauptversammlung zu beschließen hat.

✔

Bilanzieren

Aufnahme von Vermögens- und Schuldposten in die Bilanz, um sie zu zieren. → Aktiva; → Passiva

✔

Bilanzkommentar

Mit wissenschaftlicher Anmutung versehene Ansichten zur Rechnungslegung, die als Druckerzeugnis ein Mindestgewicht von 2 kg aufweisen und die bei einfachen Bilanzfragen mindestens drei Meinungen vertreten bzw. bei n = Möglichkeiten mindestens n + 1 Variante zulassen. Ein guter Kommentar muss jedem etwas bieten (= „Omniphiler Kommentar").

Bilanzkommentare entstehen durch modifizierte Abschrift der einschlägigen Gesetzestexte und ihrer offiziellen Begründung, die durch camouflierte Auszüge aus anderen Kommentaren oder früheren Auflagen aufgelockert wird, um damit eine herrschende Meinung zu verfestigen. Auf die Verwertung von Fachaufsätzen oder neuer Rechtsprechung wird meist verzichtet, weil sie den

Textfluss hemmen würde. Dies darf allerdings ihre Erwähnung im Literaturverzeichnis und in Fußnoten nicht ausschließen.

✔

Bilanzkrankheiten

Blähungen: Aktivierung von selbst geschaffenen immateriellen Vermögensgegenständen.

Geistige Verwirrung: Übliche Darstellungen in Jahresabschluss und Lagebericht.

Magersucht: Stagnierender Umsatz bei sinkenden Erträgen.

Mumps: Rücklagenbildung durch Dividendenverzicht.

Röteln: Negatives ordentliches Ergebnis.

Schwindsucht: Zunehmender Verzehr des Eigenkapitals durch Verluste.

✔

Bilanzlatein

Geheimnisvolle Sprachformeln oder Worthülsen, die kritische Sachverhalte in der Rechnungslegung so entstellen, dass der „Nichtlateiner" sie entweder nicht erkennt oder als normal oder positiv empfindet. Sie werden bevorzugt in → Prüfungsberichten und im → Lagebericht verwendet.

Beispiele: „Die langfristigen Aussichten sind positiv" heißt auf Deutsch „das Unternehmen macht kurzfristig Verluste". „Die Gesellschaft hat ihre Vorratshaltung vergrößert" meint „der Absatz ist stark zurückgegangen". „Die Liquidität war im abgelaufenen Geschäftsjahr gesichert" bedeutet „bis zum Bilanzstichtag konnte die Zahlungsunfähigkeit vermieden werden".

✔

Bilanzlehrer

Akademische Ausbilder für den kaufmännischen Nachwuchs, die nur zu Übungszwecken Bilanzen aufstellen, mit denen sie dann erklären, dass der Erkenntniswert einer Bilanz gegen null tendiert, weil in der Praxis gewissenlose Kaufleute die Bilanzen ebenso schamlos und willkürlich manipulieren wie sie in dem Übungsbeispiel.

Produzenten der zahlreichen Bilanzanalphabeten mit akademischem Hintergrund.

✔

Bilanzleser

Frustrierte Personen, die aus beruflichen Gründen der Versuchung unterliegen, einen Jahres- oder Konzernabschluss lesen zu wollen.

Bilanzmanagement*

Das professionelle Bilanzmanagement hat die image- und tantiemenorientierte Führung des Unternehmens zum Ziel und stellt hohe Anforderungen an den Einfallsreichtum des Bilanzmanagers und den Einfaltsreichtum des → Abschlussprüfers. Es wird von exzellenten Topmanagern bravourös gehandhabt, die stets ihre Leistung motivierend herausgestellt sehen wollen.

Kreativität und Intensität des Bilanzmanagements werden von der zeitlichen Differenz zwischen dem Bilanzstichtag und dem Zeitpunkt der Pensionierung oder der voraussichtlichen Versetzung oder Beförderung des Topmanagers bestimmt. → Bilanzpolitik

Das professionelle Bilanzmanagement vollzieht sich in folgenden *Phasen:*

1. Präjudiz des Jahresergebnisses durch den Vorstandsvorsitzenden;
2. Aufstellung des Jahresabschlusses durch das Rechnungswesen;
3. Verwirrung des Vorstandes;
4. Suche nach bilanzpolitischen Korrekturmöglichkeiten;
5. Begeisterung des Vorstandsvorsitzenden;
6. Frustration der Mitarbeiter des Rechnungswesen;
7. Resignation des Abschlussprüfers;
8. Auszeichnung des Vorstandes durch den Aufsichtsrat;

9. Beruhigung der Kreditgeber;
10. Enttäuschung der Aktionäre.

✔

Bilanzmanager

Abschlussdekorateur der höheren Unternehmenshierarchie.

✔

Bilanzpolitik

Zielbewusste Verunstaltung des → Jahresabschlusses.

Bilanzpolitik zielt auf den gewünschten Ergebnisausweis im Jahresabschluss. Etwaige Übereinstimmungen mit der tatsächlichen Vermögens- und Ertragslage des Unternehmens werden dabei mutig in Kauf genommen, sind aber keineswegs beabsichtigt.

Merke: Der sorgfältig bilanzierende Kaufmann kennt die Tatsachen, bevor er sie verdreht.

Nach dem *bilanzpolitischen Imparitätsprinzip* streben gesunde und rentable Unternehmen einen reduzierten Gewinnausweis an, während ertragsschwache Unternehmen möglichst hohe Gewinne zeigen wollen.

Die bisherigen *Interpretationen der Bilanzpolitik* leiden unter dem Versuch eines sachbezogenen Ansatzes. Statt Sicherung oder Verbesserung der Kapitalausstattung und der → Liquidität oder Minimierung der Steueraufwendungen lauten die zeitgemäßen Ziele der Bilanzpolitik: Verbesserung des Images und Steigerung der Motivation des Topmanagements.

Für die konservative Bilanzpolitik gilt: Was heute nicht richtig ist, kann morgen falsch sein. Eine seriöse Bilanzpolitik ist gegeben, wenn das Image nicht besser ist als die Zahlen oder wenn einem nichts mehr einfällt.

✔

Bilanzpressekonferenz

a) Verherrlichung des Jahresabschlusses mit ungewissem Ausgang. → Pressekonferenz

b) Windmaschine des Vorstandes, um den Aktienkurs nach oben zu treiben.

✔

Bilanzrecht

Normen der Rechnungslegung, die sich zunehmend der Mitwirkung von Juristen entziehen und auf verschiedenen Ebenen zur Konfusion der Rechnungsleger beitragen:

a) *Europäische Hochebene:* 4. und 7. EU-Bilanzrichtlinie, IAS-Verordnung vom 19.7.2002

b) *Deutsche Tiefebene:* HGB, Deutsche Rechnungslegungsstandards

c) *Internationales Gipfelpanorama:* → IAS und → IFRS

Bilanzregeln

Fehler, die von mehreren → Bilanzexperten genügend oft gemacht worden sind.

✔

Bilanzsitzung

Kurze Brütezeit des Aufsichtsrates über dem Rechnungsgelege der Gesellschaft in Anwesenheit von Vorstand und Abschlussprüfer.

Die Bilanzsitzung gilt als glanzvoller Höhepunkt der sonst eintönigen Überwachungstätigkeit des Aufsichtsrates. Sie beginnt üblicherweise damit, dass der Vorstand die Zahlen des Jahresabschlusses vorliest, um dann unter Hinweis auf das schwierige Umfeld des Unternehmens mit der Befriedung über den Unternehmenserfolg zu schließen. Es folgt die ergänzende Feststellung des Abschlussprüfers, dass er bei seiner Tätigkeit nicht mehr als üblich behindert wurde, um zu einem uneingeschränkten Testat zu kommen.

Solchermaßen ruhig gestellt, schließt sich der Aufsichtsrat dem Prüfungsergebnis des Abschlussprüfers an, stellt seine Anerkennung für den Erfolg des Vorstands und den Jahresabschluss fest und stimmt dem Gewinnverwendungsvorschlag des Vorstands zu. Dies veranlasst den Aufsichtsratsvorsitzenden, den Vorstand zu loben und den Mitarbeitern für die Tätigkeit im abgelaufenen Geschäftsjahr zu danken.

Bilanzskandal

Existenzbedrohende Bilanzmanipulationen, die das übliche Maß übersteigen.

Letzter Weckruf für den Aufsichtsrat. Bei globalen Auswirkungen Anstoß für → Standardsetzer und Politiker, die komplizierten Rechnungslegungsvorschriften weiter zu detaillieren.

✔

Bilanzsteuerrecht

Fiskalische Entartung der handelsrechtlichen Rechnungslegung zur Maximierung der Steuereinnahmen.

✔

Bilanzstichtag

Störendes Ereignis im Fluss unternehmerischer Entscheidungen und in der Darstellung unternehmerischer Erfolge.

✔

Bilanztheorie

Modischem Wandel unterworfener Versuch, Inhalt und Zweck der Bilanz zu erklären oder störende Bilanzierungs- und Bewertungsvorschriften zweckgerecht zu interpretieren.

Examenskandidaten und → Bilanzlehrer unterscheiden insbesondere die statische, dynamische, eudynamische, organische und pagatorische Bilanztheorie, während sich der Praktiker mit der grauen Bilanztheorie abfinden muss.

✔

Bilanzverlust

a) Aktivierter, sonst aber ungewollter Korrekturposten zum → Eigenkapital. Für unschuldige → Aktionäre eine Strafe; für den → Aufsichtsrat eine schwer übersehbare Aufforderung, kritische Fragen an den dadurch schockierten → Vorstand zu stellen.

Übersteigt der Bilanzverlust das → Eigenkapital (= Überschuldung), so spricht man vom → „Saldo mortale", der Vorstände verpflichtet, das Insolvenzverfahren für die Gesellschaft zu beantragen.

b) Eine verlorengegangene Bilanz führt ebenfalls zu Bilanzverlust, der insofern kritischer ist als der Bilanzverlust auf Grund verlorengegangener Erträge, dass er ohne weiteres gegen die Sorgfaltspflicht verstößt.

✔

Bilanzverschleierung

Bilanzmäßige Dummheiten, die auf Dauer nicht gelingen.

BiRiLiG

a) Chinesische Nachtigall.

b) (Abk.) Bilanzrichtliniengesetz von 1987, hervorgegangen aus EG-Richtlinien und untergegangen im HGB. → Bilanzrecht

✔

Blue Chip

(engl.: blaue Spielmarke) Blauäugiger Einsatz im Börsenspiel mit dem Anschein geringen Risikos. Bezeichnung von Aktien angesehener, über die längste Zeit erfolgreicher Unternehmen.

✔

Board*

(engl.: Tafel, Brett) Das Brett vor dem Kopf des Unternehmens. In anglo-amerikanischen Unternehmen Tafelrunde der Topmanager.

Hoch angesehene Form des Führungs- und Kontrollgremiums eines Unternehmens. Eine angeblich überlegene Organisationsform der Unternehmensführung, weil sich die Entscheider intensiver, wenn auch selbst kontrollieren.

Da das Boardsystem von der → Mitbestimmung verschont ist, ist es in der praktischen Handhabung oft wirksamer als das sog. duale System mit → Vorstand und → Aufsichtsrat. Daher wird für das duale System ein → Audit Committee als Placebo bei Überwachungsschwächen empfohlen; zu Risiken und Nebenwirkungen fragen Sie Ihren Abschlussprüfer oder Insolvenzverwalter und lesen Sie die Fachzeitschriften.

✔

Börse

Handelsplatz für Wertpapiere und Waren (→ Commodities) zur Verhinderung rationaler Preisbildung.

Spielwiese für die Herde agiler → Börsenhändler, die mit hektischer Kompetenz auf alle möglichen und unmöglichen Informationen schnell, aber irrational agiert, um künftige Preisentwicklungen vorwegzunehmen, deren Nicht-Eintritt sie später rational zu erklären versuchen. → Finanzprognosen

✔

Börsengang

a) Eine Bande von Börsenspekulanten.

b) Aktienangebot über die Börse. → Going Public; → IPO

Börsenhändler

Epileptische Strategen für Geldanlagen.

✔

Börsenkurs

Unerklärliche Preisbildung an Aktien-, Waren-, Termin- und anderen Börsen, die von Börsenspezialisten im Nachhinein plausibel begründet werden kann.

✔

Börsennotierte AG

Aktiengesellschaft, deren Aktienkurs den → Börsenhändlern ausgeliefert ist. Wird mit zunehmender Unübersichtlichkeit der Aktionäre zur → Publikumsgesellschaft.

✔

Break

Einem dringenden Bedürfnis entsprechende Unterbrechung von Sitzungen aller Art bis auf eine. Dient nach Erschöpfung insbesondere zur Luftschöpfung, Aufnahme belebender Getränke, Flüssigkeitsabgabe und zur Wiederherstellung des Nikotinspiegels oder des Make-up.

Break-even-Analyse

Analyse, ob ein Break (engl. = Unterbrechung) notwendig oder eingetreten ist.

a) Unaufschiebbarer Break: Wenn zunehmende Arbeitsmüdigkeit und abnehmende Arbeitslust sich kreuzen, z. B. Coffeebreak.

b) Mühsam erreichbarer Break: Punkt, in dem die Kosten durch die Erlöse gedeckt sind. Bei kritischer Unternehmenslage findet man eine solche Analyse zum K. ... (break = brechen).

✔

Buchführung

Traditioneller Teil des Rechnungswesens, der in einfacher oder doppelter Form von Buchhaltern gehandhabt wird.

Die *Verpflichtung zur Buchführung* ist für Kaufleute in § 238 HGB, für Steuerpflichtige in § 160 AO und für sonstige Geldausgeber in vielen anderen Gesetzen geregelt, z. B. § 10 Makler- und Bauträgerverordnung, § 12 Zuckergesetz, § 18 Getreidegesetz, § 25 Milch- und Fettgesetz sowie § 28 Parteiengesetz.

Budget*

Korsett für Manager, das ihren Entscheidungsraum beengt und das leicht aus allen Nähten platzt (→ Kosten-Management).

✔

Budgetabweichung

Steckenpferd des → Controllers.

Die Budgetabweichung ist die zahlenmäßige Bestätigung der schlimmsten Befürchtungen optimistisch planender Manager.

✔

Bundesfinanzhof

Oberstes Steuergericht, das so zu urteilen hat, dass der Fiskus nicht zu kurz kommt und dennoch eine genügende Anzahl von Steuerzahlern überlebt.

Vor diesem Hintergrund kann der originellen Idee, dass bei der Urteilsfindung primär vom Wortlaut des Gesetzes auszugehen ist, eine gewisse Naivität nicht abgesprochen werden. Der Urteilstenor bestimmt sich vielmehr in Übereinstimmung mit der konjunkturabhängigen Etatlehre nach der Haushaltslage der öffentlichen Hand.

C

Cap

(engl. = Mütze, Barett, Kappe)

Derivatives Finanzgeschäft, bei dem der Stillhalter das Überschreiten eines bestimmten Kurses oder Preises auf seine Kappe nimmt.

✔

Cash-Break-even

Kreuzungspunkt von Aus- und Einzahlungen. In öffentlichen Haushalten nur durch Kreditaufnahmen erreichbar.

✔

Cashflow*

Ursprünglich Löse- oder Prisengeld (Piratenjargon); im 19. Jahrhundert gebräuchlich in der Mehrzahl: Cashflöhe (Flöhe = salopp für Geld).

Heute: Cashflow (engl. = Kassenfluss) ist die magische Umschreibung für den Einzahlungsüberschuss aus der geschäftlichen Tätigkeit.

Ein negativer Cashflow ist ein Auszahlungsüberschuss, der zur Verdeutlichung als Cash-Outflow bezeichnet wird, weil bei dauerhaftem Geldabfluss das Unternehmen rasch out ist. → Kapitalflussrechnung

Merke: Mit dem Cashflow sinken Stimmung und Chancen der Unternehmen.

✔

Cash-Management*

(engl. = Kassenführung)

Beschaffung, Disposition und Anlage flüssiger Mittel.

Bei Konzernen sorgt sich das Mutterunternehmen um ein zentrales Cashmanagement und das Tochterunternehmen um seine flüssigen Mittel. Ein zentrales Cashmanagement kann die Verbundenheit der Konzernunternehmen bis zum bitteren Ende fördern.

✔

Cash-Overflow*

Mit der wahnbrechenden Entdeckung des Cash-Overflow wurde die professionelle Kassenprüfung, die einen unentbehrlichen Gegenstand der → Abschlussprüfung und der Aufsichtsratskontrolle darstellt, auf eine wissenschaftliche Grundlage gestellt. Schließlich gilt für öffentliche, geschäftliche und private Haushalte: „Die Kasse muss stimmen".

Als Cash-Overflow wird der Überschuss des Ist-Kassenbestandes (I) gegenüber dem Soll-Bestand laut Kassenbuch (S) definiert. Er lässt sich mathematisch wie folgt berechnen: C = I – S. Damit ist der Bestand laut Kassenbuch eindeutig als negativer Bestandteil des Cash-Overflow definiert.

Der Cash-Overflow soll bei ordentlicher Kassenbuchführung nach null tendieren; seine Minimierung stellt die unternehmerische Zielsetzung auf dem Gebiet der Kassenführung dar. Der *pekuniäre Optimalzustand* ist dann erreicht, wenn C = 0 und somit I = S ist.

Ein *negativer Cash-Overflow* lässt sich auf Dauer nicht durchhalten: Entweder das Kassenbuch oder der Kassierer verschwindet.

✔

Cash-Pooling

(engl.) Alles Geld in den Teich werfen. Beliebtes Instrument der finanziellen Konzernführung, um die von Banken so bitter benötigte Zinsmarge selbst zu vereinnahmen.

Der Cashpool ist das Sammelbecken der flüssigen Mittel der Konzernunternehmen, aus dem andere Konzernunternehmen Liquidität schöpfen, bis der Konzern auf dem Trockenen sitzt.

✔

Certified Public Accountant

(amerik. = Öffentlicher Buchhalter mit Zertifikat). Amerikanische Abart der → Wirtschaftsprüfer mit mächtiger Stammesorganisation.

Chart

Von Finanzkünstlern gestylte Graffiti, aus denen sie künftige Kurs- oder Zinsentwicklungen ablesen.

✔

Chart Analyse

Moderne Orakelform zur professionellen Prognose von Zins-, Kurs- und anderen Preisentwicklungen. Von aufgeklärten Finanzleuten fortentwickelte Abart des Kaffeesatzlesens mit kaum erhöhtem Zuverlässigkeitsgrad.

✔

Chartered Accountant

(engl. = gemieteter Buchhalter = Konzessionierter Geschäftsbuchhalter; KGB), der vor allem in England, Schottland, Wales und Irland verbreitet und in traditionsreichen Instituten organisiert ist. Nur zum Teil mit den zahlenmäßig weiter unterlegenen → Wirtschaftsprüfern vergleichbar.

✔

Commodities

Rohstoffe und Waren, die man an einer Börse „kommod“ (= bequem) handeln kann.

Computer

Elektronische Datenverarbeitungsanlage zur wirksamen Verzögerung von Buchhaltungs-, Abschluss- und Planungsarbeiten.

Merke: Mit Computern kann man nicht nur genauer, sondern auch viel umfangreicher irren.

✔

Computerirrtum

Synonym für menschliches Versagen.

✔

Consultant

a) Die Tante des Konsuls.

b) Ein → Unternehmensberater, dessen Kompetenz sich in englischen Sprachkenntnissen erschöpft.

✔

Contango

Tanz der Preise in künftige Höhen. In Erwartung eine wichtige Grundlage für eine erfolg- oder folgenreiche (Fehl-)Spekulation.

Contribution

Der aristokratische Ausdruck für → Deckungsbeitrag.

✔

Controller

Sklave des Topmanagements, der ein halbes Jahr mit der Planung beschäftigt ist und in dem verbleibenden Halbjahr zu begründen versucht, warum die Planwerte nicht erreicht wurden.

✔

Controlling*

(Zusammenwirken von zahlenmächtigen Zwergen). Mahnwesen für das Management zur Zielerreichung. → Zielvorgabe

Prothese für die Dialogschwäche im Management. Vermeintliche Allzweckwaffe bei Unternehmenskrisen.

✔

Cookbook Accounting

Rechnungslegung, bei der ein durchgängiges Konzept durch unübersehbare Rezepte ersetzt wird. → IFRS; → US-GAAP

Corporate Governance*

nennt der Fachmann das Chaos der Unternehmensleitung und Unternehmensüberwachung, an das sich → Vorstand und → Aufsichtsrat gewöhnt haben. Im höheren Sinn wird Corporate Governance als die Kunst verstanden, die Leitung und Überwachung im Unternehmen so zu gestalten, dass alle Unternehmensangehörigen ständig in Atem gehalten werden, sodass Vorstand und Aufsichtsrat ihre Ämter unangefochten vernachlässigen können. → Corporate Governance Kodex

✔

Corporate Governance Kodex

Regeln zur Disziplinierung der Unternehmensleiter und ihrer Überwacher; Anstandsregeln für die Verwaltungsorgane börsennotierter Unternehmen. → Deutscher Corporate Governance Kodex; → Korpulente Gouvernante

✔

Crashflow

Wenn die Auszahlungen die Einzahlungen übersteigen, wandelt sich der → Cashflow zum Crashflow. Ein nachhaltiger Crashflow führt entweder zum Wegfall der → Zahlungsfähigkeit oder zur → Überschuldung und damit zur → Insolvenz. Ein positiver Crashflow ist zwar nicht das Ziel der unternehmerischen Tätigkeit, aber häufig sein Ergebnis und sollte als Krisenzeichen ernst genommen werden.

D

Damnum

(engl. = damned = verdammt) Fluch von Darlehensnehmern beim Vergleich von Auszahlungs- und Nennbetrag des → Darlehens.

✔

Darlehen

Eine Gabe, die vom Empfänger oft als Belastung empfunden wird, da sie meist mit einer Verzinsung, auf jeden Fall aber mit einer Rückgabe verbunden ist.

✔

Database*

Informationen, die man verliert, wenn der → Computer schlapp macht.

✔

Datenverarbeitung

a) Systematische Datenerfassung und -verarbeitung zur Komplizierung und Verzögerung aller Vorgänge in Wirtschaft und Verwaltung, die wirkungsvollste Form nennt man → EDV.

b) Ausrede für Strukturen und Verfahren, die man nicht vereinfachen will.

c) Theoretisch unbeachtlicher Hinweis auf Verzögerungen und Ausfälle bei der Einführung neuartiger Rechnungslegungsgrundsätze (→ IAS-Verordnung).

✔

Dauernd

a) (mittelhochdeutsch: zu teuer dünken, zu kostbar vorkommen) Attribut für Gegenstände des Anlagevermögens.

b) (mittelhochdeutsch: beständig) „dauernd" heißt nicht „ewig", sondern auf eine bestimmte oder unbestimmte, über den nächsten → Bilanzstichtag hinausgehende Dauer. → Anlagevermögen

✔

DAX*

(Abk.) Deutscher Aktienindex; aktueller DAX = junger DAX, eher abwertend gemeint.

✔

Debitoren

Kunden, die Waren oder Dienstleistungen bezogen, aber noch nicht bezahlt haben. Nicht zu verwechseln mit debilen Toren, die ohne Anlass und Sicherheit hohe Vorauszahlungen leisten.

✔

Deckungsbeitrag

a) Aufsichtsratsvergütungen, die einen Bruchteil der notwendigen Motivation decken, die zur Überwachung des Vorstandes notwendig wäre.

b) Ergebnisbeitrag eines Produktes, eines Vertriebsweges oder eines Kunden zur Deckung der Fixkosten des Unternehmens (→ Contribution).

c) Alimente für Tierzüchter.

✔

Defizit

Das Ergebnis, das man hat, wenn man weniger hat als man hätte, wenn man gar nichts hat.

✔

Derivat

(= Abkömmling, Ableitung) Im kaufmännischen Bereich aus Grundgeschäften abgeleitete Geschäfte, mit denen man leicht von normalen Geschäftsentwicklungen abkommt.

Derivative Finanzgeschäfte

Von originären Finanzgeschäften abgeleitete Transaktionen, die einem russischen Roulette gleichen, an dem Viele ohne Kenntnis der Spielregeln teilnehmen und vom Ergebnis nicht selten tödlich überrascht werden. In den Augen von → Bilanzexperten teuflisches Blendwerk, das durch höllische Bilanzregeln im Bild des Unternehmens ausstrahlen soll.

Ihre rasche Verbreitung verdanken die derivativen Finanzgeschäfte dem verhältnismäßig geringen Spieleinsatz und den begeisternden Vertriebsaktivitäten von allen möglichen Finanzinstituten. Von zusätzlichem Reiz sind die mehrdeutige Bilanzierung dieser Instrumente und deren undurchdringliche Bewertung, mit denen zu jedem Bilanzstichtag ungeahnte Überraschungen erzeugt werden können.

✔

Derivative Finanzinstrumente*

Derivative Finanzinstrumente sind Verträge, mit denen Finanzrisiken der ihnen zugrunde liegenden originären → Finanzinstrumente separat übertragen werden können.

Derivative Finanzinstrumente können zum → Hedging (= Glücksspiel im „abgezäunten Rahmen"; Absicherung) oder zur Spekulation (= professionelles Spiel mit unkalkulierbaren Gewinnerwartungen) eingesetzt werden. Ihre phantasievollen Kombinationsmöglichkeiten sind ebenso betörend wie ihre erotisch wirkenden englischen Kurzbezeichnungen (z. B. Flops, Zero-Fonds oder FFA = Future-Fate-Agreements).

✔

Deutscher Corporate Governance Kodex

Knigge für börsennotierte Unternehmen. Von der → Kodex-Kommission entwickelte und gepflegte Sammlung von Empfehlungen und Anregungen zur anständigen Leitung und Überwachung von Unternehmen, die insbesondere → Vorstand und → Aufsichtsrat beachten sollen oder beachten sollten. → Entsprechenserklärung

✔

Deutsche Rechnungslegungs-Standards

(Abk. = DRS). Vom → DSR verabschiedete Grundsätze ordnungsmäßiger Konzernrechnungslegung, die teilweise den → US-GAAP und den → IAS nachgebildet wurden, sich von ihnen aber durch prägnante Kürze und gewisse Prinzipienorientierung wohltuend unterscheiden.

✔

Diagnose der Unternehmenslage

Die verbreitetste Krankheit bei der Bilanzanalyse.

Disagio

Kürzung der Auszahlung eines Darlehens, um beim Darlehensnehmer den Eindruck einer günstigen Verzinsung hervorzurufen. Wird für aufgeweckte Darlehensnehmer wegen seiner Abzugsfähigkeit als steuerlicher Vorteil verkauft.

✔

Diskontsatz

a) Abzinsungszinssatz; Manipulationsfaktor zur Durchsetzung oder Ablehnung von Investitionsvorhaben. Spielball der → Unternehmensbewertung.

b) Die von der Zentralbank ausgesetzte Schlange, auf die Wirtschaftspolitiker, Börsenhändler und anderes fahriges Volk wie Kaninchen starren.

✔

Diskriminanzanalyse

Neuer verzweifelter Versuch, aus dem Jahresabschluss brauchbare Erkenntnisse über die Lage des Unternehmens zu gewinnen.

D

Diversifikation*

Abenteuerreise eines Unternehmens in unbekannte Märkte mit ungewissem, aber letztlich zwingendem Ausgang.

Sichere Methode, um ein gesundes Unternehmen in ernste Schwierigkeiten zu bringen.

Merke: Mit zunehmendem Wohlstand des Unternehmens oder steigendem Ansehen des Topmanagers nimmt der Drang zur Diversifikation zu.

✔

Dividenden

Almosen für → Aktionäre aus dem Bilanzgewinn einer Kapitalgesellschaft.

✔

Dividendenpolitik

Unterlassene Hilfeleistung für Kleinaktionäre.

✔

Doppelbesteuerungsabkommen

Bilaterale Abkommen zwischen souveränen Staaten zur Vermeidung doppelter Besteuerung, die bei niedriger Steuerbelastung im Ausland durch nationale Sondervorschriften überflüssig werden.

Doppelte Buchführung

Doppelte und mehrfache Eintragungen desselben Sachverhaltes in den Büchern des Kaufmanns zur Kontrolle und Vollauslastung der Buchhalter. Laut Goethe eine der geistreichsten Erfindungen der Menschheit.

✔

Dow/Jones

Verstorbene Personen, die den Durchschnittskurs bestimmter amerikanischer Aktien ermittelt haben.

✔

Downstream

Den Bach hinunter gehend: Für Rechnungslegung und Besteuerung bedeutsame Richtung. Gegenteil: → Upstream.

✔

DSR

(Abk.= Deutscher Standardisierungs-Rat). Erstes privatrechtlich organisiertes Rechnungslegungsgremium in Deutschland zur Entwicklung und Herausgabe von Grundsätzen ordnungsmäßiger Konzernrechnungslegung (§ 342 HGB). International als Reifezeugnis der deutschen Rechnungslegung gewertet.

Der DSR hat in kurzer Zeit 20 Rechnungslegungsstandards (→ Deutscher Rechnungslegungsstandard) verabschiedet.

Im Hinblick auf die erweiterte Anwendung der → IAS/IFRS (→ IAS-Verordnung) wird der DSR als Korrespondent des → IASB in Deutschland im weitesten Umfang von seiner eigentlichen Aufgabe abgelenkt.

✔

Due Diligence*

(engl.) „Gebührender Eifer" bei der Vorbereitung und Abwicklung von geschäftlichen Transaktionen, insbesondere beim Beteiligungserwerb, der selbstverständliche Sorgfalt durch Einschaltung freiberuflicher Berater zum gebührenpflichtigen Eifer professionalisiert und damit extrem verteuert.

✔

Due Process

Umständliches Verfahren bei der → Standardsetzung und dem → Endorsement zur Umgehung oder Ausschaltung der Legislative, das bei aller Unschuld der Beteiligten ein Schuldbewusstsein der Betroffenen nicht ausschließt.

E

EDV

(Abk. = elektronische Datenverarbeitung)

a) Ausrede für mangelnde Vereinfachung.

b) Technische Errungenschaft zur Verzögerung der Abschluss- und anderer Arbeiten, die nur von wenigen Spezialisten teilweise verstanden wird. → Computerirrtum

✔

Effekten

Börsengehandelte Wertpapiere mit dem Effekt des Kursrisikos.

✔

Effektivverzinsung

Tatsächliche Verzinsung im Gegensatz zur nominalen Verzinsung.

✔

EFRAG

(Abk.) Expertengruppe für rasche Akzeptanz von internationalen Rechnungslegungs-Grundsätzen. → Endorsement

Ehegatten-Splitting

(deutsch-englisch)

a) Im *Eherecht:* Trennung von Tisch und Bett; Scheidung.

b) *Steuerrecht:* Sondertarif für Eheleute, die sich zusammen veranlagen lassen, egal wie sie veranlagt sind.

✔

Eigene Anteile

Anteile am eigenen Unternehmen, die diesem eigen sind. Als selbst verzehrtes Eigenkapital müssen diese Anteile in der Bilanz separat gezeigt und obendrein durch eine Rücklage neutralisiert werden.

✔

Eigenkapital

Kapital, das die Unternehmenseigentümer zur Verfügung des Managements aufgegeben haben (= → gezeichnetes Kapital sowie Kapitalrücklagen) oder das ihnen vom Management vorenthalten wird (= Gewinnrücklage, Gewinnvortrag).

Eigenkapital ist das Kapital, von dem man als Manager generell und bei Kreditanträgen insbesondere nicht genug haben kann, von dem man aber nach Ansicht der rentabilitätsorientierten Betriebswirtschaftslehre generell und nach Ansicht der Kreditinstitute speziell nur bei hervorragender Unternehmenssituation so wenig wie möglich haben sollte. → Leverageeffekt

✔

Eigenkapitalersetzendes Darlehen

a) *Handelsrechtlich:* Das letzte Kapitalaufgebot der Gesellschafter zur Verzögerung der Unternehmenskrise. Kaufmännisch unvernünftige Hingabe von Gesellschafterdarlehen an das Unternehmen, wenn alle anderen Kreditquellen versiegt sind (§ 32a GmbHG).

b) *Steuerlich:* Darlehensgewährung durch die Gesellschafter aus vernünftigen Gründen, deren steuerlich abzugsfähige Verzinsung gegen das fiskalische Interesse verstößt und daher als verdeckte Gewinnausschüttung behandelt wird (vgl. § 8a KStG).

✔

Eigenkapital-Veränderungsrechnung

Darstellung der vielfältigen, sonst z. T. nicht sichtbaren Veränderungen des Eigenkapitals. → Fair Value Bewertung

Einheitstheorie

a) Grundlage für den frommen Wunsch jeder → Konzernleitung, alle Konzernunternehmen einheitlich zu leiten.

b) Unterstellung für die Konzern-Rechnungslegung: Der Konzern ist eine einheitliche Unternehmung; sodass die einzelnen Konzernunternehmen wie unselbständige Betriebe behandelt werden.

✔

Einkommensteuer

Versuch des Finanzamtes, allzu krasse Einkommensunterschiede zu nivellieren, damit der Fiskus viel und alle Einkommensbezieher möglichst wenig haben.

✔

Einkünfte

Begriff des Steuerrechts, der durch die Uneinheitlichkeit seiner Verwendung oder durch Verwechslung mit Einnahmen in Gesetz, Doppelbesteuerungsabkommen u. ä. beliebig auszulegen ist und daher stets literarische Anregung und praktische Verwirrung stiftet.

In Analogie zu den sieben Todsünden unterscheidet das Einkommensteuergesetz sieben Einkunftsarten, die wenig Raum für steuerfreie Einnahmen lassen.

Einlagen

a) Orthopädische Gehhilfen.

b) Kapitalmäßige, aber nicht uneigennützige Gehhilfen für Unternehmen, die von den Eigentümern kostenlos zur Verfügung gestellt werden (= Kapitaleinlagen).

c) Von Kunden bei Banken eingelegtes Geld in Form von Sicht-, Spar- oder Festgeldeinlagen, deren Verzinsung gegen null tendiert.

✔

Einzahlungen, Einnahmen ...

Der wesentliche Beitrag der Betriebswirtschaftslehre zur Zivilisation ist die scharfe Unterscheidung zwischen Aufwand, Ausgaben, Auszahlungen und Kosten einerseits und Ertrag, Einnahmen, Einzahlungen und Erlös andererseits, die ständiges Nachdenken erfordert und daher auch im Sprachgebrauch der Wirtschaftswissenschaftler selten durchgehalten wird.

Um den geneigten Leser nicht mehr als nötig zu verwirren, soll anstelle intensiver Sachaufklärung ein einfaches Beispiel das Wichtigste andeuten: A zahlt den Gegenwert einer Rechnung für erfolgte Lieferungen von B auf dessen Bankkonto ein. Diese Einzahlung ist für B eine ebensolche, nachdem er den Betrag als Ertrag bereits mit der Lieferung vereinnahmt und eine Forderung an A als Einnahme gebucht hat. Für A ist die Einzahlung eine Auszahlung und Ausgabe, wobei offen ist, ob er einen Aufwand schon gehabt hat oder ihm ein solcher erst künftig entstehen wird. Alles klar?

✔

Einzelbewertung

Atomisierte Bewertung der Vermögensgegenstände und Schulden zur Verzögerung der Abschlussarbeiten, zur vermeintlichen Vermeidung der Willkür und zur Verwirrung der Bilanzleser. → Bewertungseinheit

✔

Einzelkosten

Kosten, die man einzeln erfassen und einem Produkt oder einer Dienstleistung direkt zurechnen kann. Meist der geringere Teil der Gesamtkosten, also Kosten, die vereinzelter auftreten als → Gemeinkosten.

✔

Endorsement

Langwieriges Verfahren zur Übernahme der → IAS/IFRS in das Bilanzrecht der Europäischen Union, in das mehrere Gremien in der Reihenfolge ihrer abnehmenden Bilanzkenntnisse eingeschaltet sind.

Die Anerkennung durch die EU setzt voraus, dass die zu übernehmenden Grundsätze (1) dem europäischen öffentlichen Interesse dienen, (2) ein zutreffendes Bild von der Lage des Unternehmens darstellen (→ True and Fair View) sowie (3) relevante, verständliche, verlässliche und vergleichbare Informationen vermitteln. Um die Anerkennung der IAS/IFRS nicht ernsthaft zu gefährden, wird keines dieser Merkmale wirklich ernst genommen.

Das *öffentliche europäische Interesse* erschöpft sich derzeit darin, über die IAS/IFRS zu einheitlichen Rechnungslegungsvorschriften in der Europäischen Union zu gelangen.

Die *Relevanz* wird vorrangig von den → Nutznießern bestimmt. Sie besagt, dass unklare Informationen besser sind als gar keine und dass die Menge der Informationen deren Qualität ersetzt.

Verständlichkeit soll nicht heißen, dass die Rechnungslegungsgrundsätze als solche verständlich sein müssen (sie sind es nämlich selten), sondern nur die auf ihrer Anwendung beruhende Rechnungslegung.

Verlässlich sind alle Informationen, deren Unzuverlässigkeit nicht offensichtlich ist oder denen wissenschaftlich anerkannte, d.h. im Fachschrifttum hinreichend publizierte Rechenmodelle zugrunde liegen.

Vergleichbar ist schlicht alles, was nicht andersartig ist.

Enforcement

(engl. = Erzwingung, Vollstreckung)

Im Bilanzrecht: Maßnahmen zur knallharten Durchsetzung von mürben Rechnungslegungsgesetzen und breiigen Rechnungslegungsstandards. → Wächter der Rechnungslegung

✔

Equity-Methode

(von lat. equitus = Pferd) *Rosskur* bei der Bewertung von Beteiligungen: Ansatz mit dem anteiligen Eigenkapital. In der Konzernbilanz für assoziierte Unternehmen vorgeschrieben. *Steckenpferd* der Fachliteratur zum Konzernabschluss.

✔

Equitystory

Erfolgsmärchen zur Verklärung nüchterner Misserfolge.

✔

Ergebnis der gewöhnlichen Geschäftstätigkeit

Gesetzliche Bezeichnung für das ordentliche Ergebnis eines Unternehmens (§ 275 HGB), die ungewöhnliche Spitzenmanager, die Außergewöhnliches zu leisten glauben, als diskriminierend empfinden.

Ergebniskonsolidierung

Aufrechnung konzerninterner Gewinne oder Verluste, um ein solides Konzernergebnis zu erhalten.

✔

Erinnerungsposten

a) Habenichts auf der Aktivseite der Bilanz.

b) Ehrenränge in Organisationen in memoriam früherer Aktivitäten, z. B. Ehrenvorsitzender.

✔

Ertragslage

Erträgliche Abbildung der Ergebnissituation eines Unternehmens im → Jahresabschluss.

✔

Erwartungslücke

Wie literarisch belegt, gibt es viele Arten von Erwartungslücken. Die in Wirtschaftskreisen populärste beruht darauf, dass der Abschlussprüfer nicht mehr das ist, was er noch nie war (→ unten a). Die übrigen für die Rechnungslegung relevanten Erwartungslücken bedürfen noch der poetischen Verdichtung.

a) Die ungehemmte → Testatsucht der → Abschlussprüfer hat bei den Adressaten der Rechnungslegung (hauptsächlich *Aufsichtsrat* und *Kreditgeber*) hohe Erwartungen geweckt, weil sie Art und Inhalt der Abschlussprüfung überschätzt haben. Die Enttäuschung dieser Ignoranten des Bilanzrechts führten zu der Erwartungslücke, die den Wirtschaftsprüfern bis heute nicht verziehen wird.

b) Bis zum Inkrafttreten des → KonTraG haben die Wirtschaftsprüfer vergeblich erwartet, in der → Bilanzsitzung des Aufsichtsrates vorgeführt zu werden. Weil der Aufsichtsrat dieses gesetzlich unterstützte Verlangen nie verspürt hat, entstand bei den Wirtschaftsprüfern eine schmerzliche Erwartungslücke.

c) Ungünstige Abweichungen des Ist vom Soll verursachen in Abhängigkeit von den jeweiligen Empfindlichkeiten bei *Topmanagern, Aufsichtsräten* und *Kreditgebern* eine Erwartungslücke.

d) Eine besondere Erwartungslücke ergibt sich bei den *Aktionären,* die geglaubt haben, dass der Aufsichtsrat die Geschäftsführung überwacht. Um diese Lücke zu schließen, sieht das → KonTraG vor, dass der als Lückenbüßer brauchbare Abschlussprüfer den Aufsichtsrat, der dem informationsscheuen Vorstand erbarmungslos ausgeliefert ist, durch gezielte Indiskretionen unterstützt.

e) Die Erwartungslücke des Fiskus tut sich routinemäßig durch Überschätzung der Steuereinnahmen und andererseits durch Unterschätzung der Ausgaben auf. → Fiskalisches Ausgleichsprinzip

Erwerbsmethode

a) Allgemein: Systematisches Vorgehen, um Sachen, Rechte oder Wissen zu erwerben. Beispiele: Kauf, Enteignung, Raub, Besteuerung, aber auch Lernen.

b) Bilanzrechtlich: Methode der → Kapitalkonsolidierung.

✔

Experte

Jemand, der nervös wird, wenn sich in seine Ausführungen verständliche Sätze einschleichen. → Bilanzexperte

F

Fachanwälte für Steuerrecht

Die Rache der Rechtsanwälte an den Steuerberatern und Wirtschaftsprüfern.

✔

Fachausdrücke

Fachausdrücke steigern das Ansehen ihres Benutzers und machen ihn zum Experten. Dies gilt insbesondere für Begriffe, die der englischen oder amerikanischen Sprache entlehnt sind. Hier ist die akzentfreie Aussprache und der häufige Gebrauch der Fachwörter wichtiger als ihr Inhalt.

✔

Fachliteratur

a) Bücher aller Art, die als Arbeitsmittel für die Berufsausübung steuerlich absetzbar sind.

b) Für die Rechnungslegung: Veröffentlichungen jeglicher Art von → Standardsetzern, Interpretationskomitees und ähnlichen praxisfernen Einrichtungen; ferner juristische und betriebswirtschaftliche Kommentare, Aufsätze und Monographien, wobei die betriebswirtschaftlichen oder die juristischen Werke von der jeweils anderen Fakultät mit einer Verzögerung von etwa 40 Jahren zur Kenntnis genommen werden (= hinder-disziplinäre Zusammenarbeit).

✔

Factoring*

Versuch der Verlagerung von Forderungsrisiken auf einen Dritten (= Factor: Agent; Factor-Bank), die dieser nur gegen erhebliche Gebühren sowie dann akzeptiert, wenn kein Ausfallrisiko besteht.

✔

Fair Presentation

(amerik.) Angenehme Darstellung, die bestimmte Vorstellungen zutreffend wiedergibt. → True and Fair View

✔

Fair Value*

(engl. = Marktwert) Fair Value nennt der Bilanzexperte den Zeitwert, der den Vermögens- und Schuldposten am Bilanzstichtag beizulegen ist. Unfairerweise kann er häufig nicht aus Marktpreisen abgeleitet werden. In diesem Fall gelten akademisch anerkannte Modellrechnungen (= „fair" im Sinne von „ganz ordentlich") als ebenbürtig, wenn sie kompliziert genug sind, dass sie in der Praxis keiner nachvollziehen kann (= „fair" im Sinne von „heiter").

Die in der internationalen Rechnungslegung ausufernde Anwendung des Fair Value beruht auf der fixen Idee von → FASB und → IASB, dass Zeitwerte der Bilanz die höchste Aussagekraft verleihen.

✔

Fair Value Bewertung

Ansatz von Vermögenswerten und Schulden zum Fair Value. Immer stärker ausuferndes Bewertungsprinzip der → IAS/IFRS, die nicht immer, aber immer öfter die → G+V berührt, aber stets in der → Eigenkapital-Veränderungsrechnung landet.

✔

Faktischer Konzern

Vom faktischen → Konzern spricht man, wenn die rechtliche Eigenständigkeit der Konzernunternehmen faktisch ignoriert wird und die Konzernunternehmen ohne vertragliche Absicherung arglos geleitet werden.

✔

FASB

(Abk. = Financial Accounting Standards Board) US-amerikanischer Vormund des → IASB.

Fast Close

Kurzschluss von Aufstellung und Prüfung des Jahresabschlusses, bei dem die Sicherung sorgfältiger Handhabung leicht durchgeknallt.

✔

Festbewertung

a) Beurteilung von Managementkonferenzen, Konzerntagungen, Marketingevents und ähnlichen Festveranstaltungen.

b) Unveränderter Wertansatz für gleichbleibende Vermögensbestände, die man aus Bequemlichkeit nicht jedes Jahr mengenmäßig erfassen will.

✔

Fifo

(Abk. = first in, first out)

Bewertung der Vorräte unter der irrigen Annahme, dass die Lagerhüter am Bilanzstichtag verkauft oder verbraucht worden sind. Gegensatz: → Lifo.

✔

Financial Expert

Exotische Spezies unter den Mitgliedern des → Boards mit Kenntnissen und Erfahrungen in der finanziellen Führung von Unternehmen.

Nach dem → Sarbanes Oxley Act zwingender Bestandteil des → Audit Committees, damit wenigstens ein Mitglied die Probleme erkennt, mit denen sich das Audit Committee befassen sollte.

✔

Finanzanalyst

Ein Profi, der morgen genau sagen kann, warum das gestern vorausgesagte Finanzergebnis heute nicht erreicht wurde. Förderer der zeitgemäßen → Rechnungslegung durch grenzenlose Informationswünsche.

✔

Finanzanlagen

a) Die in unmittelbarer Nachbarschaft von Bank- und Versicherungsgebäuden angelegten Gärten und Parks; Sinnbild für Sorgfalt und Aufwand der genannten Institute, mit der sie das ihnen anvertraute Geld vergraben.

b) Nicht im Unternehmen angelegte Mittel, die von der Hoffnung genährt werden, wenigstens außerhalb des eigenen Betriebes Erträge bzw. Gewinn zu erzielen. Den Aktionären verweigerte Kapitalrückzahlungen, die von Vorstand und Aufsichtsrat als Diversifikation oder Finanzreserven deklariert werden. Sie treten vorzugsweise in Form von Unternehmensanteilen, Ausleihungen und Wertpapieren auf.

Finanzholding

Die solide und langweilige Form der → Holding.

✔

Finanzinnovationen

Altbekannte Finanzgeschäfte oder -kontrakte, die durch ständig neue Kombinationen so attraktiv und unübersichtlich werden, dass sie allgemein genutzt, aber gemeinhin gar nicht oder nur von wenigen Experten über begrenzte Zeit teilweise begriffen werden.

✔

Finanzinstrumente

Bedingte oder unbedingte Empfangsberechtigungen oder Abgabeverpflichtungen, die Geldmittel oder andere wirtschaftliche Vorteile betreffen. Man unterscheidet originäre Finanzinstrumente, wie Forderungen, Zahlungsverpflichtungen, und → derivative Finanzinstrumente.

✔

Finanzkalender

Terminübersicht für aktionärsrelevante Publikationen und Events; Gedenktage der → Investors Relation.

F

Finanzlage

Momentaufnahme am Bilanzstichtag, die gewisse Symptome finanzieller Stärken oder Schwächen eines Unternehmens verschwommen erkennen lässt und die durch eine → Kapitalflussrechnung verdeutlicht werden soll.

✔

Finanzmanagement

Hektik der Unternehmens- und Konzernleitung, wenn die Übersicht über die finanziellen Mittel verloren geht.

✔

Finanzprognosen

a) Im Unternehmen: Hellseherischer Mahnsinn zur Eindämmung verlustreicher Managemententscheidungen.

b) An der Börse: Wahnsinn als Mode der → Finanzanalysten.

✔

Finanzvorstand

a) Pedant oder Narr im Vorstand.

b) Von → Bankern bevorzugte Testperson (passiv) für Finanzinnovationen oder für die Anhörung ihrer Zins- und Währungsprognosen.

c) Testperson (aktiv) von Feinschmeckerkasinos bei Banken, insbesondere nach Abschluss überteuerter oder übersicherter Kreditverträge.

✔

Fish

(Abk. = First in, still here) Elegante Umschreibung für Lagerhüter.

✔

Fiskalisches Ausgleichsprinzip

Übersteigen die legalen Steuerersparnisse die Erwartungen des Fiskus (→ Erwartungslücke), so werden diese in einem Drei-Stufenplan ausgeglichen, nämlich (1) sofort durch Verwaltungsanweisungen der Finanzverwaltung, (2) unverzüglich durch die Rechtsprechung der Finanzgerichte und (3) kurzfristig durch Gesetzesänderungen, damit die Summe der Steuereinnahmen weiterhin steigt.

✔

Fiskalpolitische Grundsätze

1. Steuerbar ist alles, was Natur und Zivilisation hervorbringen.
2. Wenn im Zweifel, erhebe Steuern. Wenn immer noch im Zweifel, verdoppele die Steuern.

3. Erhöhe die Staatsausgaben, bis sie die Steuereinnahmen übersteigen. Dann verfahre wieder nach Grundsatz 2.
4. Wenn durch Wirtschaftsentwicklung oder Rechtsprechung eine Steuerquelle versiegt, bohre sofort eine neue, die üppiger sprudelt.
5. Wenn wirtschaftlich vernünftige Entscheidungen durch die steuerliche Behandlung zum wirtschaftlichen Unfug werden, spreche von Steuerreform.
6. Verfasse die Steuergesetze so, dass die Finanzverwaltung sie nach ihrem Gutdünken auslegen kann.
7. Verwirre Steuerpflichtige, Steuerberater und Steuergerichte durch häufige, möglichst unsystematische Änderungen von Gesetzen und Verwaltungsanweisungen. Nenne das „schrittweise Steuervereinfachung".

✔

Fiskus

(= lat.) Betätiger der Steuerschraube; eigensinniger Hüter der Steuerbilanz. Mächtiger Teilhaber am Unternehmenserfolg und anderen Einkünften mit dem steten Drang, seinen Anteil zu maximieren.

✔

Fixe Kosten

Kosten, die schnell davonlaufen.

Flop

Übliches Ergebnis bei der strategisch begründeten Einführung neuer Produkte, neuer Organisationsstrukturen oder anderer Neuerungen, aus dem erst dann Konsequenzen gezogen werden, wenn die Auswirkungen und Beseitigungskosten die Lage des Unternehmens nachhaltig beeinträchtigen.

✔

Floption

Option, mit Derivaten einen Flop zu landen. Verbreitetes Finanzinstrument.

✔

Floor

Derivatives Finanzgeschäft, um bei bestimmten Preisen auf dem Teppich (engl. = floor) zu bleiben.

✔

Flüssige Mittel

a) Vorratsvermögen in Form von Flüssigkeiten. Typisch in Wein-, Bier- und ähnlichen Handelsunternehmen.

b) Noch nicht ausgegebene Geldmittel (→ Liquidität), die kurzfristig für Lotterie- und Roulettespiel eingesetzt werden können.

F

Fond(s)

a) (Fleischsaft) Wichtige Zutat für schmackhafte Geschäftsessen.

b) Wertpapiereintopf mit den Zutaten des Anlegers, in dem der Fondsmanager dauernd herumrührt, den Inhalt regelmäßig verschüttet und mit Wasser wieder auffüllt, und den der Anleger am Ende auszulöffeln hat.

✔

Forderungen

a) Ausdruck einer hoch entwickelten Anspruchsmentalität. Die Erhebung von Forderungen ist einfach, ihre Erfüllung oft illusorisch; daher bei politischen und anderen Interessengruppen sehr beliebt.

b) In der Bilanz: Aktivierter Anspruch auf Zahlung, der nicht immer erfüllt wird.

✔

Fremdfinanzierung

Vornehme Umschreibung für Schuldenmachen.

Fremdkapital

→ Kapital, das einem Unternehmen für begrenzte Zeit zur Verfügung gestellt wird, in der Regel zu verzinsen und bei Fristablauf sogar zurückzuzahlen ist und dessen vereinbarte Fälligkeit viele ehrgeizige Manager befremdet.

✔

Fusion

Rechtliche Vereinigung zweier Unternehmen zu einem, die meist auf gegenseitiger Überschätzung der beteiligten Topmanager beruht. Die größte Herausforderung besteht darin, das Topmanagement nach der Fusion in eine arbeitsunfähige Größe zu bringen, indem altersschwache oder überlebte Topmanager sozialverträglich entsorgt werden, z.B. durch Versetzung in den → Aufsichtsrat oder gegen → Abfindung.

Ist mit der Fusion ein unangemessener Beratungsaufwand verbunden, spricht man von Merger (sprich: mördjer). → M & A; → Unternehmenserwerb

G

Geheimhaltung

a) Grundhaltung des Vorstandes in Bezug auf Informationen an den Aufsichtsrat.

b) Prinzip der Berichterstattung des Abschlussprüfers bei kritischen Sachverhalten.

c) Steigerung der doppelten zur mehrfachen Buchhaltung.

d) Zumutung an Aufsichtsratsmitglieder, Banker und andere Spitzenkräfte. Wird in der Regel nur dann befolgt, wenn man nicht weiß, dass es sich um ein Geheimnis handelt.

✔

Geldanlage

Geldübergabe an Dritte, bei der man es darauf anlegt, dafür Zinsen zu bekommen und später sogar den übergebenen Geldbetrag zurückzuerhalten.

Merke: Mit steigendem Zinssatz wird die Rückzahlung des Kapitals fraglicher.

✔

Geldbote

Scheineiliger

Gemeinkosten

Kosten, die gemeinerweise im falschen Moment immer zu hoch erscheinen oder die man in ihrem Ausmaß gemeinhin nicht erklären kann. Gegensatz: → Einzelkosten.

✔

Gesamtkostenrechnung

Inhalt einer GuV, die zwar nicht die Gesamtkosten, wohl aber die Gesamtaufwendungen und -erträge der Periode einschließlich der → Bestandsveränderungen enthält. Alternative: → Umsatzkostenverfahren.

✔

Geschäftsbericht

Pornographischer Teil der Rechnungslegung.

Vom Topmanagement gemaltes rosiges Bild des Unternehmens, das von IR-Experten durch Hinzufügung beziehungsloser Abbildungen mit Glanzlichtern versehen wird. → Investor Relation

✔

Geschäftsführung

a) Hinweis auf büronahe Parkplätze.

b) Juristischer Ausdruck für das Topmanagement eines Unternehmens.

Bei Personenunternehmen spricht man vom Chef, bei der GmbH vom Geschäftsführer und bei der AG und Genossenschaft oder anderweitig renommierten Unternehmen von Vorstandsmitgliedern.

Obwohl nicht immer zu vertreten, vertreten Geschäftsführer die Unternehmen gegenüber Dritten.

✔

Geschäftswert

Der Geschäfts- oder Firmenwert ist die unermessliche Differenz zwischen Substanz- und Ertragswert eines Unternehmens. Man unterscheidet:

a) *Originärer* oder selbst geschaffener *Geschäftswert:* Wird vom Topmanagement meist überschätzt, darf aber dennoch nicht aktiviert werden.

b) *Derivativer Geschäftswert:* Preisaufschlag für Habgier beim Betriebs- oder Unternehmenskauf. Darf zur Verdeckung überhöhter Kaufpreise und zur Schmerzlinderung aktiviert werden.

Nach traditionellem Bilanzrecht muss er zum Ärger der Betroffenen planmäßig abgeschrieben werden. Die internationalen Rechnungslegungsgrundsätze (→ IFRS) und die → US-GAAP haben dies Ärgernis abgeschafft und begnügen sich mit einer zumindest jährlich vorzunehmenden Überprüfung, ob die Wertminderung des erworbenen Geschäftswerts durch Wertzuwächse des selbst geschaffenen Geschäftswerts ausgeglichen worden ist (→ Impairment-Test).

Gesellschafter-Fremdfinanzierung

Wegen drakonischer steuerlicher Züchtigung vom Aussterben bedrohte Finanzierungsform (§ 8 a KStG).

✔

Gesellschafterversammlung

Aufwendige Veranstaltung zur Beruhigung der Gesellschafter. Oberstes Organ der Handelsgesellschaften, das mit zunehmender Anzahl der Gesellschafter stimmungs- und stimmenmäßig von organisierten Minderheiten dominiert wird.

Bei *Personengesellschaften* und bei personenbezogenen Kapitalgesellschaften zur Lahmlegung der Geschäftsführung geeignet. Bei *Familiengesellschaften* steuerbegünstigter Anlass zur Pflege der Familienbande. Bei *Publikumsgesellschaften* Geduldsprobe für die Verwaltung zur Unterhaltung gewisser Kleinaktionäre. → Hauptversammlung

✔

Gewerbesteuer

Gewerbsmäßige Unsteuer (Unternehmenssteuer), die, schon mehrfach totgesagt, ungeheuer zählebig ist.

G

Gewerkschaften

Verdienstvolle Arbeitnehmervertretungen, die sich in ihren Lorbeeren verfangen haben. Tarifschraubenzieher; erbitterte Verfechter der → Mitbestimmung.

Merke: Die Starre der Gewerkschaften ist die Schwäche der deutschen Wirtschaft.

✔

Gewinn

Überschuss der Erträge über die Aufwendungen; in Bezug auf das Geschäftsjahr provozierend → Jahresüberschuss genannt. Gegenteil: → Verlust.

Merke: Der *Gewinn* hat es schwer, sich den Entnahmen des Inhabers anzupassen.

✔

Gewinnabführungsvertrag

Einseitige Bezeichnung für eine doppelte vertragliche Verpflichtung, nämlich Gewinne an den Anteilseigner abzuführen, aber auch Verluste als Anteilseigner zu übernehmen (vgl. §§ 291 und 302 AktG).

✔

Gewinnmaximierung

Das Märchen vom Kapitalismus.

Gewinn und Verlust

= Gezeiten im Ozean der Geschäfte.

✔

Gewinn- und Verlustrechnung

(Abk. = GuV). Gradmesser für das Topmanagement.

Erfolgsrechnung für eine Periode, in der Regel für das Geschäftsjahr, die in Konto- oder Staffelform sowie als Gesamtkosten- oder Umsatzkostenrechnung erstellt werden kann und deren erfolgreiche Interpretation durch das Topmanagement den Erfolgseindruck bei Aufsichtsrat und Hauptversammlung bestimmt.

✔

Gezeichnetes Kapital

a) *Formal:* Nennkapital bei Kapitalgesellschaften (Grundkapital, Stammkapital), das bei Unternehmensgründung, Börseneinführung oder Kapitalerhöhung von Aktionären gezeichnet wird und das davon gezeichnet ist, dass es für Schulden der Kapitalgesellschaft haftet.

b) *Materiell:* Das vom Managementeinfluss gezeichnete Kapital, insbesondere das von der Ergebnisentwicklung mitgenommene Eigenkapital des Unternehmens.

c) *Esoterisch:* Bildliche Wunschdarstellung künftigen Besitzstandes.

d) *Museal:* Sammlung von Zeichnungen alter Meister.

✔

Gläubiger

Leute, die in das Geschäft einfallen, wenn die Kunden ausfallen, bevor der Schuldner umfällt.

✔

Gläubigerschutz

Vorwand, um bei guter Ertragslage besonders vorsichtig und bei schlechter Ertragslage besonders großzügig zu bilanzieren. Man will damit die Gläubiger im ersten Fall vor Euphorie und im zweiten Fall vor zu früher Erkenntnis schützen.

✔

Gliederung des Jahresabschlusses

Das Minimum an Aufrichtigkeit in der → Bilanz und → GuV. Hilfeleistung für → Bilanzanalysten.

G

GmbH

(„Gesellschaft mit besonderem Haken“) Kapitalgesellschaft, bei der die Gesellschafter zwar beschränkt haften, aber sich unbeschränkt auf die Nerven gehen können (GmbH = gehst mit, bist hin).

✔

GoB

→ Grundsätze ordnungsmäßiger Buchführung

✔

Going-Concern-Prinzip*

In Anlehnung an den englischen Begriff „concern“ = Unruhe, Sorgen, Bedenken bedeutet „going concern“ = „mit Sorgen herumlaufen“. Es handelt sich um ein wichtiges Prinzip der Unternehmensführung und der Rechnungslegung.

a) Krankhafte Neigung dynamischer Topmanager, durch Spaltung und Erwerb von Unternehmen zum Konzernchef zu avancieren („zum Konzern gehen" = Konzernierungsdrang).

b) Unterstellung bei der Bilanzierung und Bewertung von Vermögens- und Schuldposten, dass das Unternehmen fortgeführt wird (concern = Unternehmen, Geschäft; „Das Geschäft läuft schon").

c) Kritische Grundannahme für das uneingeschränkte Testat des Abschlussprüfers.

✔

Going Public

Prostitution von Unternehmensanteilen. → Börsengang.

✔

Golden Handshake

Handgemixter Abschiedsbecher für hoch dekorierte Opfer des → Peter-Prinzips. → Abfindungen

✔

Goodwill

Der den Substanzwert des → Reinvermögens des Unternehmens übersteigende Mehrwert, den man bei gutem Willen akzeptiert. → Geschäftswert; Gegenteil: → Badwill.

✔

Grenzkosten

a) Kosten zur Überwachung der Grenzen und zur Abwicklung des Grenzverkehrs.

b) Kosten, die an der Grenze entstehen, z. B. Einfuhrabgaben.

c) Weniger nahe liegend, aber wissenschaftlich erforscht: Die zusätzlichen Kosten, die bei Ausweitung der Produktion oder der Kapazität um eine Einheit entstehen.

✔

Grundkapital

Kapitaleinlagen der Aktionäre, die eine AG im Grunde nie wieder hergibt. → Gezeichnetes Kapital

✔

Grundsätze

Prinzipien, die nicht in allen Fällen angewendet werden. → Grundsätzlich

✔

Grundsätze omnipotenter Bilanz-Politik

(abgekürzt: GroBPo). Die omnipotente Bilanz-Politik ist ein wichtiger Bestandteil des professionellen → Bilanzmanagements. Sie ist unternehmensintern verbindlich und daher den → GoB übergeordnet und verfährt nach folgenden → Grundsätzen:

G

1. Bilanzpolitische Maßnahmen sollen dem Wortlaut der gesetzlichen Rechnungslegungsvorschriften nicht widersprechen *(Grundsatz der Mäßigung)*.
2. In der Bilanz soll die Summe der Aktiva der Summe der Passiva entsprechen *(Grundsatz der Ausgewogenheit)*.
3. Die gesonderte Bewertung einzelner Vermögensgegenstände und Schulden darf nicht in unwirtschaftlicher Weise überzogen werden. Aktiva und Passiva sind jedoch bis auf weiteres gesondert zu bewerten *(Grundsatz der eingeschränkten Einzelbewertung)*.
4. Der ausgewiesene Gewinn oder Verlust darf gemessen an den Erwartungen von Vorstand und Aufsichtsrat nicht zu hoch ausgewiesen werden *(Grundsatz der Erwartungsgerechtigkeit)*.
5. Bei Verlust des halben Grundkapitals dürfen die Überbewertungen der Aktiva das verbliebene Eigenkapital nicht übersteigen *(Grundsatz der Vorsicht)*.
6. Mögliche Steuerersparnisse vermögen ebenso wie der Verzicht auf mögliche Steuerminderungen jeden Wertansatz zu rechtfertigen *(Grundsatz der Steuerneutralität)*.
7. Der wiederholte Wechsel der Bewertungs- und Abschreibungsmethoden muss ergebnisorientiert begründet sein *(Grundsatz der Willkürfreiheit)*.
8. Hektische Ausschläge des Jahresergebnisses, die lediglich durch die tatsächliche Entwicklung bedingt sind, sollen durch Änderung der Bewertungs- und Abschreibungsmethoden ausgeglichen werden *(Grundsatz der Stetigkeit)*.

Grundsätze ordnungsmäßiger Buchführung

(abgekürzt: GoB). Durch den Zweck der Rechnungslegung geheiligte, zum großen Teil kodifizierte Prinzipien (vgl. § 252 HGB), die die Vermögens-, Finanz- und Ertragslage der Unternehmen u. U. bis zur Unkenntlichkeit verfremden und die von Kommentatoren, Hochschullehrern und Rechtsprechung vervollkommnet werden.

Die einsichtigsten Grundsätze sind:

1. Der Jahresabschluss soll die Vermögens-, Finanz- und Ertragslage des Unternehmens ganz klar vorsichtig darstellen *(Vorsichtsprinzip)*.
2. Bei der Bewertung ist zu unterstellen, dass das bilanzierende Unternehmen fortgeführt wird (→ Going-concern-Prinzip), damit der Jahresabschluss leicht fertiggestellt werden kann *(Grundsatz der Leichtfertigkeit)*.

✔

Grundsätzlich*

Das Adjektiv „grundsätzlich" bedeutet, dass der damit angesprochene Tatbestand keineswegs immer gegeben ist, sondern dass es wesentliche Ausnahmen gibt, die die Aussage eigentlich unzutreffend machen. Das Adjektiv wird bei der → Rechnungslegung und in → Prüfungsberichten grundsätzlich immer benutzt.

Gutachten

Schriftliche Äußerungen von → Sachverständigen, die die Vorstellungen des Auftraggebers für gut achten.

Merke: Gutachten, die wenig kosten, sind nichts wert. Die teuersten Gutachten sind die wissenschaftlichen.

✔

GuV

(Abk. = Gestriges und Vergangenes) → Gewinn- und Verlustrechnung

H

Haben

Der Besitz und die rechte Seite des → Kontos. → Soll

✔

Haftung

Tatbestand, dessen Beschränktheit vom Schuldner begrüßt und vom Gläubiger verflucht wird. Unangenehmes Klebenbleiben von Eigenkapitalgebern und Bürgen bei finanzieller Krise des Schuldners.

✔

Hakelmacher

a) (ursprünglich) Lieferant für Korsettfabrikanten.

b) Journalistische Beschreibung für → Wirtschaftsprüfer.

c) Berüchtigter Autor aus der Prüfer- und Managementszene.

✔

Hakelmachers Ableitungen aus → Murphy's Gesetz

Jede *Lösung* schafft neue Probleme.

Der *Kompromiss* ist immer teurer als die strittigen Alternativen für sich genommen.

Bei *Abstimmarbeiten* und der Fehlersuche ist immer die letzte geprüfte Zahl falsch.

✔

Halbeinkünfteverfahren

Legal: Besteuerung der von Kapitalgesellschaften ausgeschütteten Gewinne auf der Ebene des Gesellschafters in Höhe von 50 % der Einnahmen.

Illegal: Angabe der Hälfte der erzielten Einkünfte, um auf der Ebene des Steuerpflichtigen die Steuerlast zu mildern.

✔

Handelsbilanz I

a) Jener Teil des Jahresabschlusses, der zur Darstellung der Vermögens- und Finanzlage des Unternehmens gedacht ist.

b) Gesamtbegriff für den handelsrechtlichen → Jahresabschluss, der nach einer alten Legende maßgeblich für die → Steuerbilanz ist (→ Maßgeblichkeit). An diesem Aberglauben muss der ordentliche Kaufmann irre werden, wenn wesentliche handelsrechtliche Passivierungspflichten für die Steuerbilanz unbeachtlich sind.

Handelsbilanz II

Aus den → Handelsbilanzen der → Konzernunternehmen leiten sich die nach konzerneinheitlichen Wahnvorstellungen geläuterten Handelsbilanzen II ab, die Ausgangspunkt für die → Konsolidierung sind.

✔

Hardware

EDV-Geräte, die unter chronischem Preisverfall leiden und mit Hilfe der → Software teuer in Gang gehalten werden.

✔

Harmonisierung der Rechnungslegung

Verzögerung der Entwicklung von international einheitlichen Rechnungslegungsgrundsätzen.

Der aus der Musiklehre entlehnte Begriff „mit Begleitakkorden versehen" bedeutet hier „komplexer gestalten, zur Komplikation führen". Innerhalb der Europäischen Union haben diese Verformungsbemühungen nach vergeblichen Versuchen in der 4. und 7. EG-Richtlinie ihren Niederschlag in der → IAS-Verordnung gefunden. → Internationale Rechnungslegung

H

Hauptversammlung

Bezeichnung für die → Gesellschafterversammlung einer AG, in der sich in der Regel die Verwaltung behauptet.

✔

Hausse

Hitzewelle an der Börse, die stark steigende Kurse erzeugt. Gegenteil von → Baisse.

✔

Haussier

Börsenprofi, der bis zum Umfallen bullish (engl.: bullengleich) an die → Hausse glaubt.

✔

Hedging*

Hobby risikoscheuer Heckenschützen: Abschluss von Gegen-Geschäften zur Risikoabsicherung anderer Geschäfte (Grundgeschäfte).

Man unterscheidet *Mikro-* und *Makro-Hedging,* je nachdem, ob man ein absehbares Verlustrisiko oder eine Mehrzahl von Katastrophen absichern will. Vom *Portfolio-Hedging* spricht man, wenn man eine gleichartige Menge riskanter Geschäfte als Gemenge sichert.

H

Herstellungskosten

In der Bilanz aktivierter Aufwand für hausgemachte Sachen, die im Betrieb herumliegen oder -stehen, solange sie genutzt oder bis sie verbraucht werden.

✔

HGB

= Handelsgesetzbuch vom 10. Mai 1897; unzählige Male geändert und trotzdem wichtigste Vorlage für das vorliegende Buch.

✔

Hifo

(engl. = highest in, first out). Das Teuerste geht als Erstes verloren.

✔

Hinzurechnungsbesteuerung

Europarechtlich bedenkliche Besteuerung nicht verfügbarer Einkünfte aus dem Ausland.

Holding*

(eigentlich Hohlding = auf tönernen Füßen stehende Halterung).

Man unterscheidet Finanz-, Strategie- und Managementholding.

Die → *Finanzholding* hält lediglich Beteiligungen an anderen Unternehmen und große Stücke auf sich selbst.

Die → *Strategieholding* ermöglicht die rechtliche Verselbständigung der operativen Windstille in der Chefetage größerer Konzerne.

Von einer → *Managementholding* spricht man, wenn die gewöhnliche Windstille der Strategieholding durch operative Böen des Holdingmanagements erschüttert wird.

→ Konzernleitende Holding

✔

Humor in der Rechnungslegung

Obwohl die Rechnungslegung oft nicht ernst genommen und ihre Regelung in Deutschland mit großem Ernst betrieben wird, wird der Humor in der Rechnungslegung von ernsthaften Bilanzexperten verbissen geleugnet. Für den unvoreingenommenen Betrachter lassen sich aber dennoch bei der Rechnungslegung wichtige Abarten des Humors nicht übersehen.

So kann z.B. die Höhe der Rückstellungen für drohende Verluste in Anbetracht der enormen Risiken ein *Witz* sein. *Grotesk* lesen sich die Vorschriften zur Bilanzierung von Sicherungsgeschäften (→ Hedge Accounting). Als *Scherz* kann man manchen → Lagebericht abtun. Bestimmte steuerliche Passivierungsverbote lassen sich nur als *Satire* ertragen. Bei manchen Aktivierungen hört der *Spaß* auf, den sich das Management damit geleistet hat. Sensible Bilanzleser spüren den *schwarzen Humor* der Engländer, wenn von „Fair Value" gesprochen wird.

Zu guter Letzt braucht man Humor, um die Ausuferung der Rechnungslegungsnormen (→ IAS/IFRS) tapfer zu erdulden.

✔

Hypothek

Entwertung des Eigentums ohne seine Bezeichnung anzutasten.

I

IAS

(Abk. = International Accounting Standards = Improvisierte Abbildungs-Schemata).

Vom → IASC entwickelter kleinster gemeinsamer Nenner für eine international einheitliche Rechnungslegung.

✔

IASB

(Abk. = International Accounting Standards Board = Internationaler Ausschuss für sterile Bilanzierung).

Nachfolger des neu strukturierten, d.h. jetzt mit allen Arten von → Rechnungslegern besetzten → IASC. Entwickelt, verabschiedet und veröffentlicht als internationaler → Standardsetzer Rechnungslegungsstandards, die weltweit gelten sollen und die zur Unterscheidung der vom IASC veröffentlichten → IAS mit → IFRS bezeichnet werden.

Merke: Einem Standardsetzer, der die eingängige und wohl temperierte Bezeichnung „IAS" durch die zungenbrecherische Benennung „IFRS" ersetzt hat, ist jede Komplikation der Rechnungslegung zuzutrauen.

IASC

(Abk. = International Accounting Standards Committee). Internationale Vereinigung von Abschlussprüfern zur Abfassung von international einsetzbaren Standards der Rechnungslegung. → IAS

✔

IAS/IFRS

Der schwankende Boden neuzeitlicher Konzernrechnungslegung. Zustände, die Rechnungsleger zumindest beim Konzernabschluss kriegen. → IAS; → IFRS

✔

IAS-Verordnung

Europäische Verordnung vom 19. Juli 2002, nach der ab 2005 alle → kapitalmarktorientierten Unternehmen mit Sitz in der Europäischen Union ihren Konzernabschluss nach den von der EU anerkannten IAS/IFRS (→ Endorsement) aufzustellen haben. → Bilanzrecht

✔

IFRIC

(Abk. = International Financial Reporting Interpretation Committee = Induktiv funktionierendes Revisions- und Interpreations-Callcenter). Neben dem IASB, mit dessen

Zustimmung die einzige Autorität zur Interpreation der IAS oder IFRS. Das IFRIC, versucht, die durch die IAS/IFRS auf höherer Ebene gestiftete Verwirrung auf niedrigerem Niveau zu vergrößern.

✔

IFRS

(Abk. = International Financial Reporting Standards = Insensibel fixierte Rechnungslegungs Standards). Umfangreiche Einzelfallregelungen zur Rechnungslegung, die vom → IASB permanent, umständlich, aber ausschweifend entwickelt, verabschiedet und fortgeschrieben werden (→ Standardsetzung).

Merke: Die IFRS veralten zum Teil schneller als die Tageszeitung.

✔

Impairmenttest

(engl. = Verschlechterungsexperiment)

In der internationalen Rechnungslegung der Versuch, eine Wertverschlechterung bei aktivierten Vermögenswerten zu diagnostizieren. → Geschäftswert

Imparitätsprinzip

a) *Bilanzrechtlich:* Kodifizierte Gemeinheit für ehrgeizige Bilanzmanager, nach der unrealisierte Verluste in der Bilanz berücksichtigt werden müssen, während unrealisierte Gewinne nicht angesetzt werden dürfen. Diese ungleiche Behandlung von Gewinnen und Verlusten kann die Lage eines Unternehmens schlechter darstellen als man zugeben möchte.

Professioneller Ausweg: Anwendung der internationalen Rechnungslegungsgrundsätze.

b) *Bilanzpolitisch:* Das ausgewiesene Jahresergebnis ist bei guter Ertragslage schlechter, bei schlechter Ertragslage besser als die Realität. Gilt auch bei Rechnungslegung nach internationalen Grundsätzen.

✔

Inflation

Verdunstung des Geldwertes.

✔

Innenfinanzierung

Finanzielle Selbstbefriedigung des Unternehmens.

Input

Zutaten für die Datenverarbeitung, die zu einem → Output führen, der Erkenntnis, Überraschung, Befremden oder Verzweiflung auslöst.

✔

Insider

Jemand, der so tief drinnen steckt, dass er mehr erfährt als andere und dieses Wissen zu eigenem Nutzen nur verwenden darf, wenn es keiner merkt.

✔

Insiderinformationen

Geheime Informationen an Vertrauenspersonen, die nur im Vertrauen auf strenge → Geheimhaltung für Eigengeschäfte genutzt werden dürfen.

✔

Insolvenz

Insolvenz ist bei drohender Zahlungsunfähigkeit, bei Zahlungseinstellung und bei Überschuldung gegeben. Die Konsequenzen ergeben sich aus der sanierungsorientierten Insolvenzordnung, die anstelle der zerschlagungsorientierten Konkursordnung getreten ist.

Das Insolvenzverfahren wird auch von zahlungsunwilligen Schuldnern oder von zahlungsgierigen Gläubigern bei Zahlungsstockungen des Schuldners zur eigenen Sanierung eingeleitet.

✔

Institut der Wirtschaftsprüfer

Elitäre Gilde der zünftigen Wirtschaftsprüfer zur Pflege des auditorischen Brauchtums in der Provinz Deutschland.

Äußert sich nicht immer, aber immer öfter mit aller Undeutlichkeit in Fachgutachten, Stellungnahmen oder Verlautbarungen zu wichtigen Fragen der Rechnungslegung und ihrer Prüfung, an die sich haftungsscheue Wirtschaftsprüfer – oft zum Leidwesen ihrer Mandanten – gebunden fühlen.

✔

Institutioneller Anleger

Eine Institution (Versicherung, Pensionfonds, Investment-Gesellschaften u.a.), die kleine Ersparnisse Dritter in großem Stil anlegt und mit ihrer → Performance groß angibt.

Internationale Rechnungslegung

Dschungelpfade der Rechnungslegung auf der Suche nach der Bilanzwahrheit durch global einheitliche Rechnungslegungsgrundsätze, die immer wieder neu gebahnt werden müssen, weil → Rechnungsleger sie verwildern lassen.

✔

Interne Revision

Wachbatallion des Top- oder Konzernmanagements, dessen Nützlichkeit alle loben, die nicht von ihm heimgesucht werden. Spielball des → Audit Committees.

✔

Interner Zinsfuß

a) Die nur Insidern bekannte Zinsmarge, mit der Kreditinstitute auf großem Fuß leben.

b) Ausdruck der einer Investition innewohnende Verzinsung.

✔

Internes Kontrollsystem

Routinemäßige Behinderung des kreativen Managements. In den betrieblichen Ablauf eingebaute Kontrollen, z.B.

Abzeichnung aller Spesenrechnungen durch den Vorstand, die Aufsichtsräte und Abschlussprüfer beruhigen sollen.

Unverzichtbarer Prüfungsgegenstand im Wirtschaftsprüferexamen.

✔

Intuition

Wenn aus falschen Prämissen die richtigen Schlussfolgerungen gezogen werden.

✔

Inventar

a) Fundament des Bilanzgebäudes. Aufstellung aller Vermögensgegenstände und Schulden eines Kaufmanns mit Mengen- und Qualitätsangaben, die manchmal arg verzeichnet sind (Bestandsverzeichnis).

b) Bezeichnung für verstaubte Büroausstattung und Büroangestellte (totes und lebendes Inventar).

✔

Inventur

Notwendiges Übel zur Erfassung des → Inventars. Feststellung der Vermögens- und Schuldbestände eines Kaufmanns durch mühsames Messen, Zählen, Wiegen, Schätzung oder durch bequeme Bucheinsicht. Die Inventur wird im Allgemeinen Mitarbeitern überlassen, die über drei hinaus zählen können; sonst muss man sich mit der Stichprobeninventur begnügen.

✔

Investition

(lat. investire = in die Weste packen) Hässliche Verkleidung schöner Finanzmittel.

✔

Investitionsrechnung

Investitionsrechnungen sind mathematische Verfahren, die die Wirtschaftlichkeit nicht kalkulierbarer Investitionsrisiken belegen sollen.

Man unterscheidet statische und dynamische Verfahren. Die *statischen Verfahren* sind einfach, irreführend und verbreitet; sie heißen statisch wegen ihres großen Beharrungsvermögens in der praktischen Anwendung.

Die *dynamischen Verfahren* gelten als moderner, weil sie in ihren modellhaften Verfeinerungen von den Entscheidungsträgern ohnehin nicht verstanden werden; sie heißen dynamisch, weil sie durch Veränderung weniger Eingabedaten mit großer Dynamik auf jedes gewünschte Ergebnis gebracht werden können. Sie sind vor allem für Sachverständigengutachten geeignet.

Merke: Jede vernünftige Idee lässt sich durch eine Investitionsrechnung ihrer Vernunft entkleiden.

I

Investoren

Personen, die töricht genug sind, in Unternehmen zu investieren.

✔

Investors Relation*

(abgekürzt: IR). Pflegedienst für → Investoren. Im Schwerpunkt die Verhätschelung der → Finanzanalysten und Kreditgeber, die oberflächlich auch die Aktionäre zu spüren bekommen.

✔

IPO*

(Abk.) Immens provisionsträchtige Offerte von Unternehmensanteilen. → Börsengang

✔

Ist

Die traurige Wirklichkeit gegenüber einem strahlenden Planerfolg.

J

Jahresabschluss

Vergangenheitsbewältigung der Unternehmensverwaltung (→ Verwaltung der AG) in Form von Bilanz, G+V und Anhang. Aufwendige Rechnung, um wenig über das Unternehmen auszusagen (→ Erwartungslücke). Bild eines Unternehmens, das der Unternehmer bzw. die Geschäftsführung selbst gemalt hat.

Merke: Es gibt immer Leute, die einen Jahresabschluss so schlecht machen, wie er tatsächlich ist. Kein Jahresabschluss ist so schlecht, dass er nicht noch schlechter gemacht werden könnte.

Die Begeisterung für den Jahresabschluss ist umgekehrt proportional zu seiner Bedeutung.

✔

Jahresergebnis

Das zufällige Ergebnis eines Geschäftsjahres.

Merke: Kein Jahresergebnis kann alle zufrieden stellen, mindestens gegen eine Interessengruppe muss man es immer verteidigen.

✔

Jahresfehlbetrag

a) Der 29. Februar in den Jahren, die kein Schaltjahr sind.

b) Weniger schlimm klingende Bezeichnung für den Jahresverlust.

✔

Jahresüberschuss

a) Bei *guter Ertragslage:* Der Teil des Gesamtgewinns, den der Vorstand durch Abwertungswahlrechte nicht verstecken kann.

b) Bei *schlechter Ertragslage:* Aufgelöste stille Reserven oder Verringerung von Wertberichtigungen und Rückstellungen, die der Abschlussprüfer übersehen hat oder aus Nachsicht hinnimmt. → Kummerausgleichsposten

✔

Joint-venture*

Zusammengefügtes Wagnis ungleicher Partner, von denen auf Dauer mindestens einer enttäuscht wird.

✔

Jubiläumsrückstellung

a) Immer wieder zurückgestellte Feier zur wiederholten Verhinderung der Steuerreform.

b) Gewöhnliche, vom Steuerrecht ungewöhnlich behinderte Rückstellung für Dienstjubiläen.

K

Käsehobel

= Druckfehler für → Konsolidierungsausgleichposten, den der Verfasser schwer erklären kann.

✔

Kalkulation

Ausdruck berechnender Kaufmannstätigkeit. Be- oder Errechnung von Kosten oder von Ergebnissen einer Sache (Produkt, Betrieb) oder einer Tätigkeit.

Merke: Im Topmanagement wird erst dann kalkuliert, wenn man sich verrechnet hat.

✔

Kalkulatorische Kosten

Zweckorientierter Kostenansatz für Abschreibungen, Zinsen, Wagnisse oder Unternehmerlohn, denen keine oder ungleiche Aufwendungen und Ausgaben gegenüberstehen.

✔

Kameralistik

Listige Technik zur Vermeidung wirtschaftlicher Überlegungen bei öffentlichen Haushalten durch einseitige Abbildung von Einnahmen und Ausgaben.

Kapital

Geld, das zum Betreiben eines Unternehmens erforderlich ist. Man unterscheidet → Eigenkapital und → Fremdkapital.

Marx konnte das Kapital nicht leiden, weil er mit Geld nicht umgehen konnte. Es genügte ihm als Titel eines Bestsellers. Das Schicksal des mangelnden Umgangs mit der linken Hälfte der Bilanz teilen sich mit ihm alle links stehenden Politiker und Praktiker. Im Saldo ändert das nicht viel, weil auch sie gern rechts leben.

✔

Kapitalflucht

Geld auf Erholungsreise.

✔

Kapitalflussrechnung

(= Irreführende Übersetzung von „Cashflow-Statement"). Als dritte Dimension des Jahresabschlusses neben Bilanz und G+V Spitzengewächs betriebswirtschaftlicher Durchdringung, dessen Aussagekraft die Abschlussprüfer zwar schon früher geahnt, aber erst gegen Ende des letzten Jahrhunderts begriffen haben. Seit 1998 gesetzlicher Bestandteil des Konzernabschlusses börsennotierter Unternehmen.

Kapitalflussrechnungen sollen keine Kapitalflüsse, sondern *Zahlungsströme* aus Geschäftstätigkeit sowie aus Investitions- und Finanzierungsvorgängen des Geschäftsjahres darstellen.

Wegen ihrer Exotik war die Kapitalflussrechnung vor 1998 beliebter und glanzvoller Höhepunkt jedes Prüfungsberichtes; sie hat auch in vielen Geschäftsberichten ihren zarten Niederschlag gefunden. Ihre vernünftige Kommentierung konnte sich jedoch erst in den letzten Jahren durchsetzen. Heute dient der Deutsche Rechnungslegungsstandard – DRS 2 als hilfreiche Handreichung.

✔

Kapitalgesellschaft

Gesellschaft, die aus ihrer juristischen Selbständigkeit Eigen-Kapital zu schlagen versucht und die zur Strafe für die Begrenzung der Haftung ihrer Gesellschaft strenger Rechnung legen muss als Einzelkaufleute oder Personengesellschaften.

Kapitalgesellschaften sind → AG, → KGaA und → GmbH. Als kapitalste Gesellschaft gilt die → Publikumsgesellschaft.

Kapitalkonsolidierung

In der Konzernbilanz: Ersatz des Beteiligungsbuchwerts des Mutterunternehmens durch die Zeitwerte des Vermögens und der Schulden des Tochterunternehmens, verbunden mit gesetzlich oder standardmäßig vorgeschriebenen Komplikationen. Allfällige Differenzen werden in den → Käsehobel eingestellt.

✔

Kapitalmarktorientierte Unternehmen

Vereinfachend: Unternehmen, die selbst oder deren → Tochterunternehmen Wertpapiere ausgegegeben haben, die an einer Börse gehandelt werden.

Deutlicher: Unternehmen, welche die extravaganten Vorstellungen der Finanzanalysten ernst nehmen müssen.

✔

Kartell

Verein zur Erlöspflege.

✔

Kasinokapitalismus

Dasselbe wie Salonsozialismus: Camouflierte Umgehung von öffentlich verkündeten Zielsetzungen.

Kassenbestand

Der wichtigste Bestand für den Bestand des Unternehmens.

Gesetzlich hervorgebobener, aber in der Praxis stark vernachlässigter Prüfungsgegenstand für Abschlussprüfer und Aufsichtsrat. → Cash Overflow

✔

Kaufmann

Natürliche oder juristische Person mit drei Seiten, einer buchhalterischen, einer rechtlichen und einer vernünftigen.

✔

Kaufmännisches Ermessen*

Gutdünken des wehrhaften Kaufmanns bei der Schätzung unsicherer Werte sowie der künftigen Risiken und Chancen, das der → Kaufmann zur zutreffenden Abbildung der der vielgestaltigen Ereignisse für notwendig, aber → Standardsetzer und andere Bilanztheoretiker für überflüssig und schädlich und Wirtschaftswissenschaftler für unvereinbar mit ihren Modellvorstellungen halten.

Kennzahlen

Verdichtete Bezifferung wirtschaftlicher Sachverhalte. Spielzeug der → Finanzanalysten und → Bilanzexperten.

✔

KGaA

a) Kindersprache für Verdauungsstörungen.

b) (Abk. = Kommanditgesellschaft auf Aktien). Eine → Kommanditgesellschaft, bei der die Kommanditanteile in Form von → Aktien unter die Leute gebracht werden.

✔

Kodexkommission

Von der Bundesregierung auf Dauer berufene Kommission zur Formulierung und Pflege des → Deutschen Corporate Governance Kodex.

Die Kommission setzt sich aus den üblichen Verdächtigen zusammen, d. h. aus Personen, die über die Mängel der Überwachung und Kontrolle im Unternehmen öffentlich lamentiert hatten und die im Interesse der Neutralität entweder noch nie ein Unternehmen geführt oder vergessen haben, wie das geht. → Unabhängigkeit; → Unbefangenheit

Auch nach der Verabschiedung der Urfassung des Kodex bleibt die Kommission bemüht, das von ihr gestrickte

Netz der Leitungs- und Überwachungsschikanen bei Bedarf zu flicken und engmaschiger zu knüpfen.

✔

Kommanditgesellschaft

(Abk.: KG) Handelsgesellschaft, bei der mindestens ein Gesellschafter sich *Kommanditist* nennen, aber nicht kommandieren darf, weil er nur beschränkt haftet. Mindestens ein anderer Gesellschafter unterliegt zur Ergänzung (daher *Komplementär* genannt) der unbeschränkten Haftung.

✔

Konsolidierung

= Ausgleich, Festigung.

a) *Vereinigung* von Grundeigentum und dinglichen Rechten am Grundeigentum in einer Person.

b) *Umwandlung* von öffentlichen Krediten, um den Ausfall ihrer Rückzahlung auf die lange Bank zu schieben.

c) Aufwendige *Zusammenfassung* von Einzelabschlüssen der Konzernunternehmen zum Konzernabschluss zur Festigung des Ansehens der Konzernleitung und der Vorurteile der → Bilanzexperten über die Aussagekraft von Jahresabschlüssen. Man unterscheidet → Kapital-, → Schulden- und → Ergebniskonsolidierung.

Konsolidierungsausgleichsposten

Ein in der Konzernbilanz zulässiger Bilanzsaldo, wenn die → Kapitalkonsolidierung nicht aufgeht. Der Posten kann aktivisch oder passivisch sein, d.h. bilanzmäßig links oder rechts stehen. Daher von intellektuellen Bilanzexperten bedenkenlos als → Goodwill oder → Badwill bezeichnet.

✔

Konsolidierungsgreis

a) (Sächsisch) → Konsolidierungskreis.

b) Rechnungsleger, der die planmäßige Abschreibung des erworbenen → Goodwills für konzeptionell besser hält.

✔

Konsolidierungskreis

Der Familienkreis des Mutterunternehmens mit all ihren → Tochterunternehmen.

✔

Konto

Merkblatt für Buchhalter: Weil die doppelte → Buchführung zwei Eintragungen haben soll, bezeichnet man entsprechend der im Abendland gebräuchlichen Leserichtung die rechte Seite oder Spalte mit → „Haben" und die linke mit → „Soll".

Kontokorrent

Laufende Rechnung für geläufige Geschäftsverbindungen, bei denen die gegenseitigen Ansprüche und Verpflichtungen auf einem sog. Kontokorrentkonto laufend verrechnet werden.

✔

Kontokorrentkredit

Von Banken in laufender Rechnung (→ Kontokorrent) eingeräumter → Kredit; auch *Überziehungskredit* genannt, weil dafür überzogene Zinsen berechnet werden.

✔

KonTraG

(Abk. = Konzentrierte Tragik) Gesetz zur Kontrolle und Transparenz im Unternehmensbereich von 1998, aufgegangen vor allem im HGB und im AktG. Versucht Überwachungs- und → Erwartungslücken zu schließen, wobei der → Abschlussprüfer als Haupt-Lückenbüßer fungiert.

✔

Kontrolle

Zusammenwirken von Trollen. Geschmähte Abart des wundersamen → Controlling.

Kontrollmitteilungen

Liebesgrüße eines Betriebsprüfers an das Finanzamt, um Gedächtnislücken eines überraschten Steuerpflichtigen auf die Spur zu kommen.

✔

Konvergenz

(= Übereinstimmung) Hypnose des → IASB durch die US-GAAP.

Zauberwort des IASB, mit dem es die → IAS/IFRS noch umständlicher gestaltet, indem es die eigensinnigen US-amerikanischen Standards wörtlich in die IAS/IFRS übernimmt.

✔

Konzern*

(engl. concern = Sorge, Besorgnis)

a) *Aktienrechtlich:* Besorgniserregender Verbund von rechtlich selbständigen Unternehmen, dessen leidendes Element die → Konzernleitung ist.

b) *Bilanzrechtlich:* Das → Mutterunternehmen und die von ihr mit steter Sorge betrachteten → Tochterunternehmen.

Konzernabschluss

Potenzierte Anstrengungen zur Dämpfung der Aussagekraft der Rechnungslegung (→ Handelsbilanz II; → Konsolidierung).

✔

Konzernleitende Holding*

Ballungszentrum überdotierter Konzernmanager, das sich mit langer Leitung vom operativen Geschehen fernhält.

✔

Konzernleitung

Gemeinsames Leiden der → Konzernunternehmen.

Die Konzernleitung ist bei dezentraler Managementstruktur der verzweifelte Versuch, die zentrifugalen Führungskräfte der Konzernunternehmen zu bändigen. Bei zentralisiertem Konzernmanagement verkörpert sie den organisierten Wettlauf zwischen einsamen Spitzenentscheidungen und den dezentralen Handlungsnotwendigkeiten.

Konzernmanager

Die ultimative Endstufe des → Peter-Prinzips im Konzern.

Merke: Konzernmanager kompensieren Informationsdefizite durch strategische Fernsicht, taktischen Tiefgang und operative Entscheidungsaskese.

✔

Konzernunternehmen

Unternehmen im Konzernverbund, die die → Konzernleitung nicht sich selbst überlassen will.

✔

Korpulente Gouvernante

Eingängige und sachgerechte Übersetzung für → Corporate Governance, bei der es um vor allem die Erziehung schwer erziehbarer Leiter und Überwacher von Unternehmen geht.

✔

Kosten

Vielfältig verwendeter Begriff. Am ehesten wohl „mit Verzehr von etwas" zu erklären, wie folgende Beispiele zeigen:

a) Probieren von Speisen und Getränken = Verzehr von *Kostproben.*

b) Falsches Synonym für Ausgaben oder Aufwendungen = *Geldverzehr.*

c) Betriebswirtschaftlich = Güter- oder *Nutzenverzehr* zur Leistungserstellung.

d) Abkürzung für Unkosten = *Sprachverzehr.* Unkosten verhalten sich etymologisch zu Kosten wie Unding zu Ding oder wie Ungarn zu Garn. Eine Unmenge Kosten nennt ein Mutiger daher mit Unmut eine Menge Unkosten.

✔

Kostenmanagement*

Unverzichtbare Vokabel des Topmanagements zur Beruhigung von Aufsichtsräten oder Kreditgebern, wenn die Kosten nachhaltig aus dem Ruder gelaufen sind.

„*Straffes* Kostenmanagement" heißt, jeder Manager weiß, wo beim Kollegen überhöhte Kosten angefallen sind. „*Intensives* Kostenmanagement" drückt das Bemühen aus, die prozentuale Zunahme der Kosten unter der Fallrate der Erlöse zu halten. „*Erfolgreiches* Kostenmanagement" liegt vor, wenn übergeordnete Management- oder Aufsichtsgremien überzeugt werden können, dass sich die Kosten nicht weiter senken lassen.

Kostenrechnung

Die Be-, Er- oder Verrechnung von → Kosten. Man unterscheidet Voll- und Teilkostenrechnungen, ferner Ist-, Normal- und Plankostenrechnungen, welche wiederum starr oder flexibel gehandhabt werden können. Keine Art ist vollkommen, doch gilt die flexible Grenzplankostenrechnung als die edelste Form, weil sie am ehesten an Verständnis- oder Akzeptanzgrenzen stößt.

✔

Kredit

(lat. credo = ich glaube) Bei Kleinkrediten = schlummerndes Misstrauen der → Gläubiger, bei großen Kreditsummen = unerschütterliches Vertrauen in die strategische Bedeutung der Kreditgewährung und in das Ansehen des Kreditnehmers.

Merke: Um Kredit zu bekommen, muss man nachweisen, dass man keinen Kredit braucht.

✔

Kreditfähigkeit

a) In jüngster Zeit verkümmerte Fähigkeit von Kreditinstituten zur Kreditvergabe, weil die → Kreditwürdigkeit zu selten gegeben ist.

b) Merkmal expandierender Unternehmer, die zu allem fähig sind, auch zur extensiven Kreditaufnahme.

Kreditoren

a) Schulden für erhaltene Lieferungen und Leistungen, die möglichst hoch gehalten werden, um Liquidität und von Banken zugesagte Kreditlinien zu schonen.

b) Gläubiger dieser Schulden, die im Gegensatz zum gemeinen Kreditgeber glauben, dass ihre Forderungen kurzfristig erfüllt werden, während der Schuldner ebenso irrend annimt, dass sie unverzinslich sind. → Skonto

✔

Kreditwürdigkeit*

Voraussetzung für den Erhalt eines Kredits, die nur in drei Fällen gegeben ist:

a) wenn man eigentlich gar keinen Kredit braucht (= *echte Kreditwürdigkeit*),

b) wenn andere Kreditgeber von hoher Reputation aus Zufall oder Fehleinschätzung überzogene Kredite gegeben haben (= *abgeleitete Kreditwürdigkeit*) oder

c) wenn das Image des Schuldners besser ist als sein Cashflow (= *selbst geschaffene Kreditwürdigkeit*).

Merke: Ohne Kreditwürdigkeit ist die Hürde des Kreditgebers unantastbar.

Kummerausgleichsposten*

Bilanzierungshilfe zur Erlangung des uneingeschränkten Testats des Abschlussprüfers:

Unterschreitet der nicht weiter manipulierbare Ergebnisausweis im → Jahresabschluss den unternehmenspolitisch gewünschten oder den Kreditgebern mitgeteilten Gewinn, so werden notwendige → Wertberichtigungen oder → Rückstellungen, deren Unterlassung nicht vermieden werden kann, mit einem den Kummer des Abschlussprüfers ausgleichendenTeilbetrag in den Jahresabschluss eingestellt und im Übrigen auf künftige Jahresabschlüsse vorgetragen. Zum Kummerausgleich genügen erfahrungsgemäß 30% der an sich notwendigen Wertberichtigungen oder Rückstellungen.

Der Kummerausgleichsposten soll den seriösen → Abschlussprüfer ruhig stellen, sodass er im Interesse der Mandatssicherung sein uneingeschränktes → Testat erteilen kann. Andererseits ermöglicht der Kummerausgleichsposten dem Abschlussprüfer, den Abwertungs- oder Rückstellungsbedarf unauffällig im Prüfungsbericht anzudeuten und so in aller Heimlichkeit seiner → Redepflicht zu genügen.

✔

Kurzfristige Erfolgsrechnung

Fieberthermometer für den Unternehmenserfolg. Unangenehme Überraschung für das Management, das sich höhere Ziele gesteckt hat.

L

Lage(n) des Unternehmens

Die Darstellung der wirtschaftlichen Lage des Unternehmens beruht auf der Vorlage des Jahresabschlusses, der anhand von Unterlagen erstellt und aus deren → Ablage geprüft wird. Dabei spielen die *Vermögens-, Finanz- und Ertragslage* sowie die Rücklagen eine dominierende Rolle. Die ersten drei Lagen können eine Schieflage des Unternehmens darstellen und sollen daher zutreffend im Jahresabschluss abgebildet werden, soweit es die Rechtslage erfordert. Über sie ist im → Lagebericht zu berichten.

→ *Rücklagen* sind Reserven, die immer dann fehlen oder verschwunden sind, wenn man sie dringend braucht.

Andere Lagen wie Auf-, Aus- sowie K- oder P-Lagen können zwar ebenfalls das Jahresergebnis erheblich beeinflussen, sind aber als solche im Jahresabschluss nicht kenntlich gemacht.

✔

Lagebericht

Gesetzlich vorgeschriebene Andeutungen des Vorstandes über die → Lage des Unternehmens und seiner künftigen Entwicklung, über die er wegen der allgemeinen Ungewissheit wenig sagen kann. Im Geschäftsbericht oft durch ansprechende Abbildungen bis zur Unkenntlichkeit geschönt.

Nach der Absicht des Gesetzgebers soll der Vorstand mit Rücksicht auf die Aktionäre seine Ansicht über die Aussicht des Unternehmens im Lagebericht darlegen, wovon der Vorstand aus Vorsicht und mangels Übersicht meist absieht.

✔

Last minute Buchung

a) Folge einer bilanzpolitischen Sachverhaltsgestaltung in der letzten Minute des Bilanzstichtages.

b) Die Bildung oder Erhöhung einer Rückstellung für das Honorar des Abschlussprüfers.

c) Buchung einer Reise kurz vor Abflug oder Abfahrt des Verkehrsmittels.

d) Die letzte Buchung des Buchhalters vor dessen Ausscheiden, Flucht oder Pensionierung.

✔

Latente Steuern

Aus dem handelsrechtlichen Jahresergebnis nicht apparente, künftig anfallende Mehr- oder Mindersteuern, die zur vergleichbaren Darstellung der Periodenergebnisse aktiviert oder passiviert werden. Besonders trostreich: Noch nicht realisierte Steuerentlastungen durch erzielte Verluste.

L

Leasing

Vom Fiskus erschwerte Umgehung von Genehmigungsvorbehalten für Investitionen durch Mieten von Anlagen und Ausrüstungen. Für Leas'chen Müller: Schonung von Kreditlinien.

✔

Lenkungsausschuss

Von → Unternehmensberatern initiiertes Gremium, das kompetente Mitarbeiter des Unternehmens durch regelmäßige und häufige Sitzungen von ihrer eigentlichen Tätigkeit abhält und dem Berater die Informationen liefern soll, mit denen er sein Honorar rechtfertigt.

✔

Leverage*

(engl.: Hebelkraft) Beschreibt den Tatbestand, dass man unter bestimmten Umständen, die den eiligen Leser nicht interessieren, mit dem Einsatz fremden Geldes mehr Geld machen kann, als wenn man nur das eigene Geld einsetzt. Rechtfertigung für die Aushebelung einer soliden Finanzstruktur.

Lifo

(= Last in, first out; engl.: Wer als letzter ins Haus kommt, geht als erster heraus). Bewertung der Vorräte zu den Anschaffungskosten der Lagerhüter.

Vom → IASB als unzulässig verworfen, weil es umständlichere Verfahren zur Ermittlung der Anschaffungs- oder Herstellungskosten gibt.

✔

Liquidität

Ausdruck der Geldnähe.

a) *Zahlungsbereitschaft* einer Person oder eines Unternehmens. Nach altem Aberglauben aus dem → Jahresabschluss ablesbar, was durch Liquiditätskennziffern belegt werden soll.

b) *Bestand an Bargeld* oder an Vermögenswerten, die kurzfristig in Bargeld umgewandelt werden können. → Flüssige Mittel (b)

✔

Liquiditätskennziffer

Akademischer Beweis für das hartnäckige Gerücht, dass man aus der Bilanz nützliche Hinweise auf die Zahlungsfähigkeit des Unternehmens ableiten kann; z.B. Liquidität ersten und zweiten Grades.

M

M&A

(Abk. = Merger and Acquisitions = F&E = Fusion und Erwerb) Verschmelzung zweier Unternehmen mit hoher Konfusion von Steuern und Finanzen bzw. Erwerb von Unternehmensanteilen. Beide Vorgänge werden durch Hinzuziehung von → M&A-Experten möglichst kostspielig abgewickelt und finanziert.

Attraktiver Geschäftszweig von Finanzinstituten, Unternehmensberatern, WP-Gesellschaften und Anwaltskanzleien.

✔

M&A-Experten

Fachleute, die → M&A so kompliziert gestalten können, dass selbst Topmanager unsicher werden möchten, aber wegen ihrer Presseverlautbarungen und den bereits angefallenen Kosten nicht dürfen.

✔

Management Accounts

Rechnungen für Manager, die eine Desillusion durch Fakten vermeiden wollen. Für den dynamischen Manager dürfen schlechte Jahresergebnisse nicht herbeigerechnet werden. Managementorientierte Erfolgsrechnungen folgen daher dem Grundsatz: Risiko jetzt, Aufwand später.

Merke: Management Accounts sind Laternen, die der Unternehmensführung als Halt, nicht aber zur Erleuchtung dienen sollen.

✔

Management Consultant*

Vorwiegend mit angloamerikanischen Worthülsen kommunizierender → Unternehmensberater, der nicht das Unternehmen, sondern auf dessen Kosten das Management beraten will (→ Consultant).

✔

Managementholding*

a) Vorhaltung unnötiger Manager auf ebensolchen Planstellen.

b) Aggressive Form der → Holding.

✔

Management Letter

Korrespondenzdienst der Abschlussprüfer über Mängel des → internen Kontrollsystems, die er bei seiner Arbeit zufällig entdeckt hat. Die Zufälligkeit bringt es mit sich, dass sich der Management Letter auf solche Mängel beschränkt, die erstens unwesentlich und zweitens bereits behoben sind. Zur Imagepflege werden im Managementletter ab und zu auch Verbesserungsvorschläge aufgenommen, die zum Glück für die Adressaten irrsinnig kostspielig und nicht praktikabel sind.

✔

Managementstruktur

Die Managementstruktur jeder Unternehmung ist als Pyramide ausgebildet, bei der die fachlichen und produzierenden Leistungen zur Spitze hin abnehmen und die körperliche Anstrengung vom Arbeitseinsatz zur Nahrungsaufnahme verlagert wird.

✔

Manager

Eigentlich Man-ager; bezeichnet den erwachsenen Menschen in seiner beneideten oder rechnungslegenden Phase. → Unternehmensangehörige

✔

Marge

(engl. = margin; Kurzbezeichnung für Margarine). Schmiere für erfolgreiche Handelsgeschäfte: der Überschuss des Verkaufs- über den Einstandspreis. Soweit der Kaufmann davon leben soll, was sehr spannend sein kann, auch Spanne genannt.

Bei derivativen Finanzgeschäften, bei denen es oft anders läuft, als der Kaufmann denkt, muss u.U. mehrfach eine Marge gezahlt werden: die „initial margin" bei Geschäftsabschluss, die „variation margin" bei ungünstiger Variation der Spekulation.

✔

Mark to market*

(engl.: die Mark zum Markt hinauswerfen) Bewertung zum Marktpreis, insbesondere für Wertpapiere und derivative Finanzinstrumente. → Fair Value

✔

Marktpreis

In der Theorie der durch Angebot und Nachfrage gebildete Preis; in der Praxis oft ein unannehmbarer oder nicht feststellbarer Wert. → Fair Value

✔

Maßgeblichkeit

Allgemein: Irrige Selbsteinschätzung vieler Politiker, Manager und anderer Spitzenkräfte.

Speziell: Spezialität der deutschen Rechnungslegung, die in der internationalen Bilanzküche nicht zu finden ist, nämlich die Maßgeblichkeit der Handelsbilanz für die Steuerbilanz. Altgermanischer, in der postmodernen Zeit bis zur Unkenntlichkeit durchlöcherter Grundsatz, dass die handelsrechtlichen Bilanzierungs- und Bewertungsvorschriften für dic Ermittlung des steuerpflichtigen Ergebnisses maßgeblich sind (§ 5 Abs. 1 EStG).

✔

Minderheitsgesellschafter

Ohnmächtiger Teilhaber an Unternehmen, der für seine Kapitaleinlage vergeblich eine risikoadäquate Rendite in Form von Gewinnausschüttungen fordert, weil die → Geschäftsführung deren Erzielung versäumt oder der Hauptgesellschafter behindert. Bei beharrlichem Nörgeln wird der Minderheitsgesellschafter zum „lästigen Gesellschafter".

✔

Mitbestimmung

Man unterscheidet a) die betriebliche Mitbestimmung und b) die unbegreifbare Mitbestimmung auf Unternehmensebene.

a) Die für Arbeitnehmer und Unternehmen in der Regel nützliche Art manifestiert sich vor allem in Mitwirkungsrechten des Betriebsrats.

b) Aufwendiges Ritual zur Behinderung der Geschäftsführung und ihrer Überwachung. Tabu der deutschen → Corporate Governance. Die Mitbestimmung auf Unternehmensebene betrifft die Arbeitnehmervertreter im → Aufsichtsrat, die im Fall der paritätischen Mitbestimmung durch Zwangseinweisung von Gewerkschaftsfunktionären und Aufblähung der Mitgliederzahl die Ineffizienz des Aufsichtsrates perfektioniert.

✔

Mittelständisches Unternehmen

Unternehmen, dem im Insolvenzfall der Staat nicht hilft.

✔

Murphy's Gesetz

Wenn etwas schief gehen kann, geht es auch schief.

Allgemeiner Erfahrungsgrundsatz für Managemententscheidungen. → Hakelmachers Ableitungen

✔

Mutterunternehmen

Unternehmen, das ein oder mehrere → Tochterunternehmen dank ihrer → Beherrschung bemuttern kann.

N

Nachholverbot

Gnadenlosigkeit des Fiskus bei nicht passivierten Pensionsverpflichtungen.

✔

Nahe stehende Personen

Im Rahmen der Rechnungslegung ist als nahe stehende Person nicht der Nächste und schon gar nicht der Nächstbeste gemeint, sondern die in bedenklicher Nähe stehende Person. Es handelt sich um natürliche oder juristische Personen, die dem Unternehmen oder seinen Organmitgliedern mangels ausreichender Distanz auf die Füße treten können oder denen das Unternehmen das Gleiche antun kann.

Wegen zu befürchtender Interessenkonflikte müssen kapitalmarktorientierte Mutterunternehmen die → Beziehungen zu nahe stehenden Personen offenlegen.

Merke: Beziehungen sind mit Abstand am besten.

✔

Niederstwertprinzip

Bedrückender Grundsatz für das Jahresergebnis: Zwingende Berücksichtigung von Wertverlusten, die am Bilanzstichtag gegenüber den → Anschaffungs- oder Herstellungskosten bzw. dem letzten Bilanzwert eingetreten sind.

✔

Nummernkonto

Dekadenz des → Bankgeheimnisses.

O

Obligo

(lat.: Verpflichtung, Haftung) Der „schwarze Peter" im kaufmännischen Spiel.

✔

Offenbarungseid

Klingt schlimmer als es sich anhört. Muss man leisten, wenn man sich nichts mehr leisten kann, weil man finanziell barfuß bis zum Scheitel ist.

✔

Offene Posten-Buchhaltung

a) Verwaltung der nicht besetzten Personalstellen bzw. die Dokumentation offener Planstellen.

b) Systematische Ablage nicht bezahlter Rechnungen, die deren Auslosung für die Zahlung erleichtert. Eine Art Lean-Accounting, bei der das → Kontokorrentkonto durch die getrennte Sammlung der unbezahlten und der bezahlten Rechnungen ersetzt wird, wobei offen ist, ob alle Posten erfasst werden.

OHG

„Ominöse Handelsgesellschaft", bei der alle Gesellschafter unbeschränkt haften.

✔

Opportunitätskosten*

Kosten im Konjunktiv: die Kosten für versäumtes oder unmögliches Tun.

✔

Output

Ausgabe, Ausstoß, Auswurf als Folge von → Input.

✔

Overriding Principle*

(engl.: Alles niederreitender Angriff, auch Überheblichkeitsprinzip)

a) Grundlage des Springreitens.

b) Management-Prinzip top-down-Approach. (*Merke:* wer zahlt, schafft an.)

c) In der Rechnungslegung: Magenbitter, der immer dann eingenommen wird, wenn die Bilanzsuppe bei Befolgung der Rezepte für die Adressaten ungenießbar wird.

P

Passiva

Die linke Seite der Bilanz, wenn man hinter der Bilanz steht.

✔

Pay-back-Periode*

Zeitraum, in dem sich eine Fehlinvestition rechnet und rächt. → Amortisation; → Investitionsrechnung

✔

Peer Review

Prüfung durch Seinesgleichen. → Qualitätskontrolle durch gleichrangige Personen

✔

Pensionsrückstellungen

Unkalkuliertes Relikt aus der Wirtschaftswunderzeit. Seit 1987 auch in Deutschland als passivierungspflichtige Verpflichtung anerkannt, nachdem die Charakterisierung als eigenkapitalähnlicher Passivposten auch im Ausland nicht mehr durchgehalten werden konnte.

Pensionsrückstellungen werden versicherungsmathematisch unter Anwendung von regelmäßig überholten

Sterbetafeln und Diskontierungssätzen präzise in unzulänglicher Höhe ermittelt. Steuerlich werden sie mit dem → Teilwert angesetzt (§ 6a EStG), d.h. sie berücksichtigen nur einen Teil (etwa 70–50 %) der Gesamtverpflichtungen.

✔

Perfektion

Bei Planung ein Zeichen beginnenden Niedergangs des Unternehmens; im Ist ein selten erreichter Zustand.

✔

Performance*

(engl.: Vorstellung, Darbietung, Leistung)

a) Eigenlob durchschnittlicher *Managementleistungen*.

b) Leistungsschau hochgezüchteter *Vermögensberater*, die bei Verkaufsgesprächen jede → Benchmark „outperformen" und bei der späteren Abrechnung darstellen, dass die Vermögensanlage wegen unvorhergesehenen Faktoren „underperformed" hat.

✔

Performance Reporting

Unausgegorenes Konzept des IASB zur Darstellung aller denkbaren Erfolgszahlen und der Veränderungen des Eigenkapitals, an deren Quellen sich nur → Bilanzexperten erinnern können.

✔

Peter-Prinzip

In einer Hierarchie neigt jeder Beschäftigte dazu, bis zur Stufe seiner Inkompetenz aufzusteigen.

✔

Planung

Ersetzen des Zufalls durch Irrtum.

Strategische Planung ist Irrtum auf lange Sicht und obliegt daher hauptsächlich den → Topmanagern.

Merke: Das bevorzugte Kriterium für die *Akzeptanz* der Planung ist das gewünschte Ergebnis bei größter annehmbarer Unwahrscheinlichkeit (= GAU).

Aus → *Murphy's Gesetz* folgt: Positive Ergebnisprognosen werden nicht eintreffen, negative werden übertroffen. Die Aufwendungen steigen automatisch, um die Erträge zu übertreffen. Drohende Verluste können nicht überschätzt werden.

Merke: Planwerte werden nur erreicht, wenn man sie niedrig genug festlegt.

Portfolio-Management*

Geheimnis erfolgreicher Geldanlage durch → Diversifikation: ein Drittel in Immobilien, das zweite Drittel in Obligationen, das dritte in Aktien und – das ist entscheidend – das vierte Drittel immer liquide halten.

✔

Präsentation

Von → Unternehmensberatern regelmäßig inszenierte Shows für Mandanten. Der wesentliche Teil jeder Unternehmensberatung, dessen Vorbereitung allein etwa 86,7 % der gesamten Beraterzeit beansprucht.

✔

Pressekonferenz

Hochamt zur Feier der Hierarchie.

Fototermin für den → Vorstandsvorsitzenden.

✔

Produkthaftung

Unkalkulierbares Risiko jedes Produzenten in den USA, das sich zunehmend weltweit ausbreitet. Ein idiotensicheres Geschäft für Anwälte, denn zur Haftpflicht genügt außer ihrer Mitwirkung ein Idiot, der mittels verrückter Handlungen einen undenkbaren Schaden mit dem Produkt anstellt.

P

Prognosen

sind schwierig, insbesondere wenn sie sich auf die Zukunft beziehen, aber sie sind genauer als gar keine → Planung.

Mystischer, oft unterhaltsamer Teil in Vorträgen von → Bankern und → Finanzanalysten.

✔

Prozesskostenrechnung

a) Selbst von Juristen kaum nachvollziehbare Kostenrechnung.

b) Kostenrechnung für die betrieblichen Prozesse; notwendig für das prozessorientierte Management.

✔

Prüfer

a) Meist jugendlicher Täter der Abschlussprüfung unter der Honorarhoheit eines dienstälteren → Wirtschaftsprüfers (→ Prüfung des Jahresabschlusses).

b) Bei Berufs- und anderen Examina: Unter kritischer Beobachtung ihrer Kollegen stehende Examinatoren mit Benotungsmacht, die ihr begrenztes Spezialwissen von ebenfalls gestressten Examenskandidaten abfragen.

Prüferbilanz

Eiskalte Abrechnung der steuerlichen → Betriebsprüfer.

✔

Prüfstelle

Durch das Bilanzkontrollgesetz (BilKoG) vorgesehener privatrechtlich organisierter Wächterrat (Prüfstelle genannt), der auf Veranlassung oder in repräsentativen Stichproben geprüfte und festgestellte Jahres- und Konzernabschlüsse auf Einhaltung der Rechnungslegungsvorschriften überprüfen soll. → Enforcement; → Wächter der Rechnungslegung

Merke: Wer ewig prüft, wird immer etwas finden.

✔

Prüfung des Jahresabschlusses

Durchsicht intimer Unternehmensdaten, ohne sie zu durchschauen.

a) Durch den → *Abschlussprüfer:* Überfall auf friedfertige Unternehmen, die jugendlichen Prüferhorden zur fachlichen Ausbildung dienen und die den Unternehmen mit dem Testat des Abschlussprüfers gedankt werden.

b) Durch den → *Aufsichtsrat:* Die Kunst, die Ordnungs- und Zweckmäßigkeit des Jahres- oder Konzernabschlusses innerhalb von 30 Minuten zu beurteilen.

→ Prüfungsbericht des Abschlussprüfers

P

Prüfungsausschuss

a) Nicht brauchbarer Teil der Abschlussprüfung.

b) Empfohlener Ausschuss des → Aufsichtsrates. → Audit Committee

✔

Prüfungsbericht des Abschlussprüfers

Orakelhafte Berichterstattung des Abschlussprüfers = Transformation des Unerklärlichen des Jahresabschlusses ins Unverständliche.

Schwer verständliche Prosatexte, die Zahlen des geprüften Jahresabschlusses verbinden und die durch Unterschrift und Siegel des Abschlussprüfers die Anmutung einer Aussagekraft bekommen. Streng vertrauliche *berufliche Äußerungen* des Abschlussprüfers, deren Informationsgehalt bei fürsorglicher Abwägung der Empfindsamkeiten möglicher Berichtsempfänger zum Minimum tendiert.

Dem *Aufsichtsrat* soll der Prüfungsbericht die feste Überzeugung vermitteln, dass er mit dem Anblick des Berichts seiner Pflicht zur Prüfung des Jahresabschlusses in vollem Umfang genügt hat.

Der *Umfang* des Prüfungsberichts wird von seiner Seitenzahl bestimmt. Bei seiner Erstellung beeindruckt die hoch entwickelte Kopierkunst der Abschlussprüfer, mit der vorjährige Berichtstexte in aktuellen Prüfungsberichten verewigt werden. Die an kritischen Stellen verwirklichten Textanregungen der Spitze des geprüften Unternehmens (= Lektorat des Vorstandes) machen den Prüfungsbericht zu einem *sprachlichen Kunstwerk von hohem Rang.*

✔

Prüfungshonorar

Testatverheißende Opfergaben, in denen sich die Unfehlbarkeit des Wirtschaftsprüfers in Fragen der Rechnungslegung manifestiert. In den letzten Jahren teilweise missbraucht als billige Einstiegsdroge zur Erlangung lukrativer Beratungsaufträge (→ Unternehmensberatung), was in Zukunft für Abschlussprüfer nicht mehr erlaubt sein soll.

✔

Publikumsgesellschaft

Große Aktiengesellschaft, deren Vorstand so tut, als gehöre die Gesellschaft ihm.

✔

Publizitätspflicht

Lästige, oft lässig gehandhabte Pflicht zur Offenlegung von Jahres- und Konzernabschlüssen.

P

Pyramideneffekt

Scheinbare Vermehrung des Eigenkapitals durch Konzernverschachtelung, indem bei isolierter Betrachtung der Konzernunternehmen oder einer unübersichtlichen Zahl von Kreditgebern die Kreditaufnahme und damit den → Leverageeffekt auf die Spitze getrieben wird.

Q

Qualitätskontrolle

„TÜV" für Abschlussprüfer. Ständige Heimsuchung für Wirtschaftsprüfer, die gesetzliche Abschlussprüfungen durch Berufskollegen durchführen, die von der bei der → Wirtschaftsprüferkammer (c) angesiedelten Kommission für Qualitätskontrolle als Qualitätsprüfer registriert worden sind. → Peer Review

✔

Quartalsberichte

Vierteljährliche Erfolgsolympiade der Unternehmen ohne Dopingkontrolle (= ungeprüfte → Zwischenberichte). Placebo für Aufsichtsräte, das zur Nervenschonung der Betroffenen vor allem Istzahlen mit geringer Zeitnähe ausweist.

R

Räte des Unternehmens

Human- und Sachutensilien des Unternehmens wie Aufsichts-, Betriebs-, Ge- und Vorräte.

✔

Rating*

Erraten der → Kreditwürdigkeit von Unternehmen auf Grund von Zahlen und Managementinterviews.

Bekannte Rateinstitute sind Standard & Poors (engl.: „Armutstandard") und Moody's (engl.: „stimmungsabhängig").

✔

Realisationsprinzip

a) Gebot der handelsrechtlichen → GoB: Du darfst den Gewinn nicht vor Erfüllung deiner Leistungen vereinnahmen.

b) *Internationale Rechnungslegung*: Du musst Gewinne zeigen, wenn sie dir realisierbar erscheinen.

Rechnungsabgrenzungsposten

a) *Zeitgemäß:* Posten jener Kunden- oder Lieferantenrechnungen, die aus bilanzpolitischen Gründen erst nach dem Bilanzstichtag gebucht werden (= *aktive Rechnungsabgrenzung*). Die versehentliche Nichtbuchung von Rechnungen nennt man *passive* Rechnungsabgrenzung.

b) *Antiquiert:* Geleistete oder empfangene Zahlungen vor dem Bilanzstichtag, die Aufwand oder Ertrag der Folgeperioden darstellen. Der mit größter Präzision ermittelte Bilanzposten, um das ohnehin verfälschte Jahresergebnis periodengerecht zu ermitteln.

✔

Rechnungsleger

Vom → KonTraG eingeführte Bezeichnung für Aufsteller, Prüfer und Nutzer von Jahresabschlüssen.

Die *Aufsteller* müssen die Geschäftsvorgänge, in die das Unternehmen verwickelt war oder ist, irgendwo im Jahresabschluss platzieren, damit die *Prüfer* unfehlbar feststellen können, wie die Geschäftsvorfälle im Rahmen der Rechnungslegung vorschriftsmäßig zu verarbeiten sind. Für die von ihnen angemahnten Umstellungen erflehen die Prüfer die Zustimmung der Götter des Unternehmens, die in den Vorstandsetagen hausen. Auch unerhört segnen die Prüfer schließlich das Leidliche, damit die in spärlicher Form dargereichten Abschlussinformationen von den *Nutzern* gläubig hingenommen werden.

Im Rahmen der anhaltenden Evolution der Rechnungslegung haben sich im 21. Jahrhundert drei nicht ganz harmlose Abarten von Rechnungslegern entwickelt, die sich im Lebensraum der urwüchsigen Arten zunehmend breit machen, nämlich → Standardsetzer, Nutznießer und → Wächter der Rechnungslegung. Nutznießer der modernen Rechnungslegung sind die → Finanzanalysten sowie die Papier- und Druckindustrie.

✔

Rechnungslegung

a) Patience mit unbezahlten Rechnungen zur Auswahl zahlungswürdiger Einzelfälle.

b) Rechnungslegung im weiteren Sinne wird als kaufmännisch emanzipiertes Kartenlegen verstanden und bedeutet die Aufstellung, Prüfung und Offenlegung zufallsbedingter und mehrdeutiger Darstellungen der Vermögens-, Finanz- und Ertragslage der kaufmännischen Unternehmung.

Rechnung legen wird wie Kartenlegen zur *Deutung der Zukunft* verwendet (→ Bilanzanalyse). Beide Vorgänge können durch Zufall zutreffende Ergebnisse zeigen und in beiden Fällen glaubt das faszinierte Publikum an den Wahrheitsgehalt der aufgedeckten Zahlen. Im Gegensatz zum gemeinen Kartenlegen ist das Rechnunglegen für kaufmännische Unternehmen gesetzlich vorgeschrieben und wird sogar an deutschen Hochschulen gelehrt (→ Bilanzlehrer). Ein weiterer Unterschied liegt darin, dass die Rechnungslegung durch unübersehbare und ständig veränderte Vorschriften (→ IFRS) in ihren Aussagen völlig undurchschaubar bleibt.

Die Rechnungslegung der Unternehmen meint die *Entblößung der wirtschaftlichen Lage* des Unternehmens gegenüber Aktionären und anderem wildfremden Publikum, verbunden mit der Illusion, dass dabei nackte Tatsachen gezeigt werden. Ob dieser Blößenwahn ein zutreffendes Abbild der Unternehmenslage enthüllt, muss von einem → Abschlussprüfer geprüft und bestätigt werden.

Merke: Wahre Blöße zeichnet eine gute Rechnungslegung aus.

Für → Standardsetzer und andere → Bilanzexperten ist die Rechnungslegung der eigentliche *Zweck eines Unternehmens.*

Merke: Rechnungslegung beflügelt die Kreativität der Topmanager weit mehr als profane Probleme wie Marktstellung oder Produktentwicklung. → Bilanzmanagement

✔

Rechnungslegungsstandards

Von → Standardsetzern verpatzte Regeln zur Rechnungslegung von Unternehmen und Konzernen, die sich als

Folge der angelsächsischen Kolonialisierung zu einer unübersichtlichen Sammlung von Bilanzierungs- und Bewertungsrezepten entwickelt haben, deren aufblähende Ingredienzien schwer verdauliche Bilanzgerichte produzieren. Ihr vermeintlicher Nährwert wird in erster Linie davon bestimmt, was → Finanzanalysten im Interesse der weiterhin im Ungewissen gehaltenen Investoren zur Selbstbefriedigung und ohne nachzudenken für entscheidungsrelevante Informationen halten.

Als internationale Rechnungslegungsstandards werden zunehmend die → IAS/IFRS befolgt. Als international anerkannte, d.h. von den amerikanischen Börsenbehörden geforderte Standards gelten die US-amerikanischen Rechnungslegungsstandards (→ US-GAAP), für deren Anwendung in der Europäischen Union eine Gnadenfrist bis 2007 gesetzt ist.

Für deutsche Mutterunternehmen, die ihren Konzernabschluss nicht nach IAS/IFRS aufstellen, sind die → Deutschen Rechnungslegungsstandards von Bedeutung.

✔

Rechnungslegungsvorschriften

Normen, die nicht verhindern können, dass Jahres- und Konzernabschlüsse doch etwas aussagen (→ Bilanzrecht).

a) *Handelsrechtliche:* Korsett für → Bilanzmanager, Spielwiese für → Wirtschaftsprüfer, Manipuliermasse für

Steuergerichte (→ Bundesfinanzhof), Punchingball für den → Fiskus. Hauptfundstelle: Drittes Buch des HGB.

b) *Steuerrechtliche:* Ständiger Versuch, die maßgeblichen handelsrechtlichen Vorschriften zur Maximierung des steuerpflichtigen Ergebnisses streng fiskalisch auszulegen. Hauptfundstellen: Schwer zugängliche und kaum durchschaubare Rechtsprechung und Verwaltungsrichtlinien.

c) *Internationale:* Unübersichtliche, aber mit globalem Flair geschmückte Rücksichtslosigkeiten für Aufsteller und Prüfer von Jahres- und Konzernabschlüssen → IAS/IFRS.

✔

Redepflicht des Abschlussprüfers

Wenn der Abschlussprüfer etwas sagen muss, obwohl er nichts zu sagen hat (§ 321 HGB). Didaktisch unterscheidet man:

a) *Kleine Redepflicht:* Hinweis auf Tatsachen, über die der Vorstand Gras wachsen lassen möchte, nämlich auf wesentliche Verlustquellen oder nachteilige Entwicklungen im abgelaufenen Geschäftsjahr (§ 321 Abs. 1 HGB).

b) *Große Redepflicht:* Hinweis auf Tatsachen, die noch unter der Decke gehalten werden, weil sie den Bestand des Unternehmens und seine Entwicklung wesentlich beeinträchtigen können (§ 321 Abs. 2 HGB).

R

Reinvermögen

Der reine Überschuss des Vermögens über die Schulden.

✔

Rentabilität

Die Fruchtbarkeit des Kapitals.

Hoffnungsträger jeder kaufmännischen Tätigkeit.

✔

Report*

Aufwertende Bezeichnung für einen simplen Bericht, der dadurch aussagekräftiger und professioneller anmutet.

✔

Reserven

Offene oder unsichtbare Gewinnthesaurierung in Form von offenen oder stillen → Rücklagen.

✔

Restrukturierung

Schamhafte Umschreibung für dringende Sanierungsmaßnahmen. → Sanierung; → Strukturveränderung

Resultative Bewertung

a) Bewertung von Bilanzposten (insbesondere Rückstellungen, Wertberichtigungen) zur Sicherstellung eines gewünschten Ergebnisses. → Bilanzpolitik

b) Grundsatz der → Unternehmensbewertung.

✔

Retardierende Bilanzpolitik

Verzögerte Offenlegung unangenehmer Tatsachen im Rahmen der Bilanzierung und Bewertung.

✔

Risiko Management*

a) Die Entwicklung vom Top- zum Flopmanager. → Golden Handshake

b) Risikoermittlung, -analyse und -bewertung sowie Risikovermeidung, -minimierung oder -limitierung als Managementaufgabe. Das „missing link" zwischen Aufstieg und Karrierestop.

Merke: Das größte Risiko eines Unternehmens ist sein Topmanagement.

RoKoKo-Verfahren

(Abk.) Robuste Kollegenkontrolle.

Wirkungsvolles Druckmittel des Konzernabschlussprüfers, um weitere Prüfungsmandate im Konzern zu gewinnen. Seine Grundlage bilden subtile Prüfungsanforderungen, die der andere Abschlussprüfer zeit- und kostengerecht nicht erfüllen kann.

✔

Rotation des Abschlussprüfers

(lat.) Kreisförmige Umdrehung um eine feste Achse.

a) Der Abschlussprüfer rotiert, um den Wünschen seiner Auftraggeber (→ Aufsichtsrat; → Vorstand) nachzukommen.

b) Damit der von einem Unternehmen wiederholt bestellte Abschlussprüfer nicht völlig durchdreht, muss der verantwortliche Wirtschaftsprüfer nach fünfmaliger Testaterteilung durch einen Kollegen abgelöst werden. Der entscheidende Dreh dieser Regelung ist, dass der Austausch innerhalb einer Sozietät oder Wirtschaftsprüfungsgesellschaft vollzogen werden kann (interne Rotation).

Rote Zahlen

a) Zwangsfolge des Kommunismus, Sozialismus und anderer Fehlleistungen.

b) Ausweis eines Verlustes.

✔

Rücklagen

Rücklagen sind bilanzmäßige Reserven, die entweder aus Kapitaleinzahlungen der Unternehmenseigentümer oder aus ihnen vorenthaltenen Gewinnen stammen. Offene → Rücklagen werden in der Bilanz offengelegt, während → stille Rücklagen den Wunsch der Topmanager nach Gestaltungsspielraum stillen, weil ihr Schwund nicht oder zu spät bemerkt wird.

Hohe Rücklagen sind ein sanftes Ruhekissen für → Manager und Kreditgeber, deren Fülle und Beständigkeit leicht überschätzt wird.

✔

Rückstellungen

Im Gegensatz zu Rücklagen kann der Schuldcharakter der Rückstellungen heute nicht mehr geleugnet werden. Rückstellungen werden im gewöhnlichen Sprachgebrauch immer wieder mit Rücklagen verwechselt, sodass sich manche Unternehmensleitung über die dadurch ausgelöste Beeinträchtigung ihrer Gewinnvorstellungen wundert.

Das HGB unterscheidet Rückstellungen für ungewisse Schulden, für drohende Verluste aus schwebenden Geschäften und sog. Aufwandsrückstellungen.

Die *Ungewissheit der Verbindlichkeiten* kann sich auf ihre Höhe, Fälligkeit oder Begründung beziehen. In der Bilanzierungspraxis sind häufiger die Passivierung, die Beibehaltung oder die Höhe der Rückstellungen ungewiss, weil sie von der Ertragslage des Unternehmens abhängen, die sich der Vorstandsvorsitzende bei der letzten Hauptversammlung vorgestellt hat.

Drohende Verluste ergeben sich aus früher überschätzten Gewinnerwartungen oder in der Vergangenheit unterschätzten Aufwendungen. Da sich ein selbstbewusster Topmanager von Drohungen prinzipiell nicht einschüchtern lässt, werden Rückstellungen für drohende Verluste normalerweise nur dann gebildet, wenn es ihm passt.

Aufwandsrückstellungen betreffen Verpflichtungen des Kaufmanns gegen sich selbst, wenn er seinen Laden wie bisher fortführen will. Sie sind nach den IAS/IFRS unzulässig.

S

Sachanlageinvestition

Vom Kaufmann beargwöhnte Verschwendungssucht der Techniker; betriebswirtschaftlich = „Einkleiden" von → Kapital in → Sachanlagen.

✔

Sachanlagen

Mit Nutzungsabsicht erworbene oder hergestellte Betriebssachen.

✔

Sachverständiger

Jemand, der sich beruflich auf das vom Auftraggeber gewünschte Ergebnis verständigt. → Experte; → Gutachten

✔

Saldierung

Postendämpfung im Bilanzwesen durch gegenseitige Verrechnung von Vermögenswerten und Schulden oder von Aufwendungen und Erträgen, die durch Gliederungsvorschriften und den Grundsatz der Einzelbewertung erschwert wird.

S

Saldo mortale

Existenzbedrohender Aktivposten: Der positive Saldo von Bilanzverlust und Eigenkapital nach Auflösung aller stillen Reserven.

✔

Sanierung

Wiederbelebungsversuch abgesoffener Unternehmen.

✔

Sarbanes Oxley Act

Als Akt nackter Verzweiflung über Enron und andere Bilanzskandale erlassenes Gesetz zur Bändigung total verwilderter → Bilanzmanager und → Abschlussprüfer. Verlangt einen Bilanzeid vom Vorstandsvorsitzenden (CEO) und vom Finanzvorstand (CFO), begünstigt Denunzianten, die Bilanzmängel aufdecken, und verlangt die Registrierung von qualifizierten Abschlussprüfern und einen → Financial Expert im Audit Committee.

✔

Schachtelprivileg*

Ursprünglich Begriff aus dem Mittelalter: Nachlass auf das ortsübliche Lösegeld für ältere weibliche Gefangene („Frauenspersonen, wie alte Schachteln anzuschauen").

Im 20. Jahrhundert in der Nachfolge des Raubrittertums vom Fiskus adaptierte Bezeichnung für die Vermeidung der Doppelbesteuerung bei Anteilsbesitz an anderen Unternehmen von 10 % und mehr.

✔

Schätzwerte

Moderner Wertansatz in der Bilanz. → Fair Value; → kaufmännisches Ermessen

Unvermeidbar, wenn vier von drei Personen nicht rechnen können.

✔

Scheck

Anweisung an eine Bank, an den Inhaber einen bestimmten Geldbetrag zu zahlen oder diesen gutzuschreiben. Beliebtes Zahlungssurrogat zur Verzögerung des Zahlungszeitpunktes.

Merke: Man darf den Scheck nicht vor der Gutschrift loben.

✔

Schiedsgerichtsklausel

Dem Glücksspiel ähnliche, aber rechtlich zulässige, vertraglich vereinbarte Spekulation über den Ausgang von Streitigkeiten unter den beteiligten Parteien.

Schriften des Unternehmens

Zu den unternehmensinternen Schriften gehören Aktennotizen, Protokolle und Berichte, die vor allem der Imagebildung der Verfasser dienen. Hinzu kommen sonstige Schriften wie Konten, Belege, Rechnungen und Kontenbücher, die zur Abbildung der Geschäftsvorgänge verwendet werden.

Aufsichtsrat und Abschlussprüfer dürfen die Schriften des Unternehmens kraft Gesetzes einsehen, was manche Manager nicht einsehen wollen.

✔

Schulden

Das einzige, was man ohne Geld machen kann.

✔

Schuldenkonsolidierung

Rechtlich fragwürdige, in der Konzernbilanz vorgeschriebene Aufrechnung von Forderungen und Schulden innerhalb eines Konzerns.

✔

Schwarze Zahlen

a) Wunschtraum jedes Managers.

b) Magie oder schwarze Kunst des → Bilanzmanagers.

c) Ausweis eines → Gewinns.

✔

SE

(Abk. = Societas Europaea) Europäische Aktiengesellschaft.

Viel besprochene Rechtsform für grenzüberschreitende Unternehmen, bei der noch offen ist, ob sie so vielversprechend ist wie sie sein könnte.

✔

SEC

(Abk. = Securities and Exchange Commission) Amerikanische Börsenaufsicht.

✔

Segmentberichterstattung

a) Berichterstattung über alle wesentlichen Geschäftsfelder oder Segmente des Unternehmens oder Konzerns, die allen kapitalmarktorientierte Mutterunternehmen abverlangt wird.

b) Auf einzelne oder ausgewählte Segmente beschränkte oder konzentrierte Berichterstattung, die zur Beruhigung der Adressaten (z.B. Aufsichtsrat) andere, kritische Segmente ausspart (sedativer Bericht) oder die zur An- oder Aufregung in Bezug auf die berichteten Segmente sorgen soll (stimulierender Bericht).

✔

Selbstfinanzierung

Finanzierung durch Dividendenabstinenz.

✔

Shareholders' Value*

a) Der *Wert der Aktionäre* aus der Sicht der → Verwaltung der AG.

Der Wert steigt mit abnehmenden Dividendenforderungen und zunehmendem Wohlverhalten des → Aktionärs in den Hauptversammlungen.

b) Der *Wert des Eigenkapitals der Unternehmung.* → Unternehmenswert. Daraus abgeleitet: Der Wert, den sich der Aktionär anteilig zugute hält.

✔

Skonto

(ital.: Abzug) Preisnachlass bei sofortiger oder kurzfristiger Zahlung; Tarnung für extrem hohe Verzinslichkeit der Lieferantenschulden (→ Kreditoren).

S

Software

(engl.: soft = sanft, weich; ware = Ware, Güter, Tand).

a) Ware für Softies (Weichlinge) wie Softdrinks, Softeis, Weichspüler oder Samtkragen.

b) In den Wirtschaftswissenschaften nicht quantifizierbare, aber vermutlich wichtige Einflüsse (soft factors).

c) EDV-Programme zur Ingangsetzung und -haltung von → Hardware, die bis zur totalen Unübersichtlichkeit der verarbeiteten Daten vervollkommnet werden.

✔

Soll

a) Die linke Seite, welche bei der → doppelten Buchführung ein → Konto haben soll (Gegenseite → Haben).

b) Vorgaben im Unternehmen (→ Zielvorgaben), die durch den Soll-Ist-Vergleich bedrohlich werden.

c) In der Kameralistik veranschlagte Einnahmen und Ausgaben, die im Ist aus der Art schlagen, weil sie den Ausgaben einen zu engen Rahmen setzen.

✔

Sonderabschreibungen

Steuerlich geförderter Anreiz für Fehlinvestitionen.

Sonderposten

a) Planstellen zur Entsorgung inkompetenter Manager höherer Rangstufen. Typisch ist die beeindruckende Stellenbeschreibung, z.B. Frühstücksdirektor.

b) Zu besonderen Zwecken eingekaufte (z.B. für den Winterschlussverkauf) oder aus verschiedenen Gründen schwer verkaufbare Warenmengen.

c) Posten, der im normalen → Gliederungsschema für den Jahresabschluss nicht vorgesehen ist, aber bei Bedarf eingefügt werden muss oder darf.

✔

Sonderposten mit Rücklageanteil

Deutsche Bilanzspezialität: Aus Steuergründen gezeugter Zwitter von → Rücklagen und → Rückstellungen.

✔

Sonstige betriebliche Erträge und Aufwendungen

Harte Nuss für → Bilanzanalysten.

Sammelposten für interessante Erträge bzw. Aufwendungen, die im Gliederungsschema nicht bezeichnet sind oder die man aus übergeordneten Gründen (→ Bilanzmanager) besser nicht an anderer Stelle ausweist.

S

Special Purpose Entity

(engl.) → Zweckgesellschaft

✔

Spekulation

Handeln, um unwahrscheinliche Gewinnchancen wahrzunehmen, oder Nichtstun, um Verlustrisiken vergeblich zu vermeiden.

✔

Spenden

Unterstützung gemeinnütziger Zwecke aus eigennützigen Gründen.

✔

Spesenritter

Zeitgenössische Form des Rittertums: Galanterie mit Vergeldung. Experten im Spesenwesen oder berufsmäßige Spesenmacher; intime Kenner der Spesenordnung.

Zur *geschichtlichen Entwicklung:* Das Rittertum erlebte im späten Mittelalter seinen sozialen Niedergang. Die ursprünglichen Ritterideale des Maßhaltens in allen Lebenslagen und der minnelichen Hingabe verkamen bei den Raubrittern zum Halten von Maß-Gelagen (Maß = bayer. = 1 Liter Bier) und zur dinglichen Wegnahme.

In der Neuzeit verkam das Rittertum zum Spesenrittertum, das die hehren Rittertugenden auf das Abhalten von Gelagen bei Geschäftsbesorgungen gegen Ersatz der dabei entstehenden Ausgaben konzentrierte, getreu dem neuen Wahlspruch „Ge- statt Auslage". Spesenritter werden häufig mit dem Spruch „Außer Spesen nichts gewesen" verunglimpft.

✔

Sponsoring*

Förderung von Fremdinteresse aus Eigeninteresse.

✔

Staffelform

(Staffel = bayer./schweiz. = Treppe) Die → GuV als Treppenwitz.

✔

Stakeholder*

Alle, die aus eigenem Interesse am Unternehmen interessiert sind. (Nicht zu verwechseln mit dem gastronomischen Begriff Steakholder).

Standardsetter

(engl.: Hunderasse) Arme Hunde, die dem Zweck der Rechnungslegung und den Einfällen der Bilanzierungspraxis mit mangelhaften Rechnungslegungsstandards hinterher hetzen, damit ihre Herrchen die bilanziellen Krampfhunde an die Leine legen können.

✔

Standardsetzer

Im Rahmen des Bilanzrechts: privatrechtlich organsierte Gremien, die sich aus unabhängigen → Bilanzexperten zusammensetzen, die sich fern der Praxis mit Problemen der Rechnungslegung auseinandersetzen, die Rechnungsleger ohne sie nicht hätten. Entwickeln mit vielen Worten und Einzelheiten ständig neue → Rechnungslegungsstandards, die sie nach öffentlichem Palaver (→ Due Process) für allgemein verbindlich erklären. → Standardsetzung

Prototypen sind das → IASB, das → FASB und der → DSR.

✔

Standardsetzung

Ist die Kunst, systematisch die Realität zu ignorieren.

Steuerberater

Mitglied der freiwilligen Steuerwehr.

Knappen der → Spesenritter. Pfadfinder für Schleichwege im Steuerdschungel, deren Sold als fiskalisch geduldete Überlebenshilfe (= Erhalt der Steuerzahler) abzugsfähig ist. Suizidgefährdet wegen der wiederholt angedrohten → Steuervereinfachung.

✔

Steuerbilanz

Fiskalisches Zerrbild der → Handelsbilanz.

✔

Steuererklärung

Selbstanzeige zur Besteuerung mit Hilfe komplizierter Formulare, die Steuerpflichtige voll Verzweiflung in die Arme der steuerberatenden Berufe treibt. → Steuerberater; → Wirtschaftsprüfer

✔

Steuerfahndung

Inquisition des Fiskus, um die Steuerhinterzieher auf den Scheiterhaufen zu bringen, wobei der Zweck alle Mittel heiligt. Unbarmherzig gegen Jedermann, insbesondere gegen Steuerflüchtigen und gegen Steuerpflichtigen, die an Beleg- oder Gedächtnisschwund leiden.

Steuergerechtigkeit

Gleichmäßige Verteilung der Unzufriedenheit.

✔

Steuergericht

Versalzene Suppe, die in der Regel der Steuerpflichtige auszulöffeln hat. → Bundesfinanzhof

✔

Steuerpolitik

Der Wettlauf zwischen steigenden Ausgaben der öffentlichen Hand und falsch eingeschätztem Steueraufkommen.

✔

Steuerprüfung

Fegefeuer für Steuerpflichtige. → Betriebsprüfer

✔

Steuerrecht

Der triebhafte Hang von Fiskus und Rechtsprechung, durch gesteigerte Ansprüche und Verwirrung der Steuerpflichtigen die Steuereinnahmen zu maximieren.

Merke: Wer vieles regelt, wird jedem etwas nehmen.

Steuerreform

Ankündigung eines Wunders, über das, wenn es wirklich stattfinden würde, sich alle Steuerpflichtigen nur wundern würden.

✔

Steuervereinfachung

Überlegungen, die auf eine Unmöglichkeit gerichtet sind, sich aber für eine angekündigte → Steuereform gut vermarkten lassen.

✔

Stichtagsprinzip

Relevanz eines Zeitpunktes, die oft zur Ignoranz der Zukunft führt.

Jede Bilanz bezieht sich auf einen bestimmten Stichtag (→ Bilanzstichtag).

✔

Stichtagswert

a) Der besondere Wert des Bilanzstichtages für die Bilanzierung, die Bilanzpolitik oder die Ergebnisverantwortung.

b) Der Wert eines Bilanzpostens am Bilanzstichtag. → Zeitwert

Stille Reserven

Schleier der Bilanzwahrheit. Mystifizierte Manipuliermasse deutscher Bilanzierungspraxis.

Stille Reserven werden für Krisenzeiten gebildet, sind aber in einer Krise ganz schnell still verschwunden. Während stille Wasser bekanntlich tief sind, sollten stille Reserven im Bedarfsfall möglichst hoch sein.

Die bloße Erwähnung der stillen Reserven bei der Bilanzbesprechung wirkt als Sedativum für Aufsichtsräte, sodass diese selbst dann nicht aufwachen, wenn die stillen Reserven lautlos entwichen sind.

✔

Stiller Gesellschafter

Teilhaber, der keinen Lärm macht, wenn er seine Einlage verliert.

✔

Stockpicking

(engl.) = Effektenhascherei

✔

Strategieholding

Mit sich selbst beschäftigte Holding. In der Praxis nicht überlebensfähige Ausgeburt der Fachliteratur. → Holding

Strategische Planung

Ersatzdroge für entscheidungsträge Topmanager.

✔

Strategische Planungsabteilung

Astrologen ohne Sterne.

✔

Strategisches Management*

Nachträgliche Rechtfertigung früherer und Vorbereitung neuer Fehlentscheidungen.

✔

Streng vertrauliche Mitteilung

Schnellster Weg, Informationen allgemein bekannt zu machen.

✔

Stress-Szenario

Übliches Bild bei Kreditgesprächen und bei Steuerprüfungen.

Strukturveränderung

Überfällige Reaktion überkommener Hierarchien, damit alles ganz anders bleibt.

Strukturveränderung bedeutet – bildlich gesprochen –, dass alle auf einem Baum sitzenden Vögel hochgescheucht werden, damit sie sich danach wieder alle auf dem Baum niederlassen, aber jeder Vogel auf einem anderen Ast als vorher sitzt.

✔

Substanzerhaltung

Vorwand der → Verwaltung eines Unternehmens für die Einbehaltung von Gewinnen.

✔

Subventionen

Wirtschaftspolitischer Denkmalschutz.

T

Target-costing

Sündenfall wider das traditionelle Dogma, dass die Kosten die Preise bestimmen. Fernöstlicher Denkansatz mit dem Ziel, die Kosten unter den erreichbaren Preisen zu halten.

✔

Teilkosten

Ein mehr oder minder großer Teil der → Vollkosten; mehr im → Soll, minder im → Ist (→ Deckungsbeitrag).

✔

Teilwert

Wertspekulation des Steuerrechts: Wert einer Teilmenge des Betriebsvermögens, den ein gedachter Erwerber im Rahmen des Kaufpreises für die Gesamtmenge Unternehmen ansetzen würde, wenn er es fortführen möchte.

✔

Termingeschäft

Geschäft, das an einen künftigen Termin und zum Teil zu den dann geltenden Bedingungen abgewickelt wird. → Hedging; → Spekulation

T

Testat

Eigentliches Ziel der → Abschlussprüfung, auch Bestätigungsvermerk genannt (vgl. § 322 HGB).

In seiner *uneingeschränkten Form* ist das Testat die Rechtfertigung hoher Prüfungshonorare. Selten und ungeliebt ist das eingeschränkte Testat, d.h. ein Testat mit Zusätzen, die allenfalls von Experten gedeutet werden können.

Die *Verweigerung des Testats* kommt in der Praxis nur als Drohung für halsstarrige Vorstände oder als Ultima Ratio hilfloser Abschlussprüfer vor.

Trotz verkürzter Prüfungszeiten sind *vorgezogene Testaterteilungen* noch ungewöhnlich. *Blankotestate* sind derzeit noch strikt abzulehnen, weil man sich gefälligst mit *Gefälligkeitstestaten* behelfen sollte.

✔

Testatsucht

(Pestilentia testatis) Krankhafter Drang des → Abschlussprüfers, jeden vorgelegten → Jahresabschluss mit seinem uneingeschränkten → Bestätigungsvermerk zu versehen.

Der ungehemmten Testatsucht entpricht bei den geprüften Kaufleuten eine suchthafte *Testatgier* (Copiditas testatis), die sich bis zum tätlichen Mandatentzug für den testatverzögernden Abschlussprüfer steigern kann.

T

Tischvorlagen

Ursprünglich: Bettvorlagen = schriftliche Bittgesuche, die Louis XIV beim Grand Levée vor das Grand Lit gelegt wurden. Heute Gnaden- oder Gewaltakt der Entscheidungsforderer. Tischvorlagen sind erst in der Sitzung vorgelegte Informationen zur Erzeugung von sofortigem Entscheidungsdruck.

Die Effizienz eines Beschlussorgans nimmt mit steigender Anzahl der Tischvorlagen überproportional zu, weil eine Diskussion des Sachverhalts mangels Kenntnis nicht möglich ist und dadurch viel Zeit gespart wird.

Die Eignung von → Prüfungsberichten als Tischvorlage für die Bilanzsitzung des Aufsichtsrates ist umstritten, da hier wenig zu entscheiden ist.

✔

Tochterunternehmen

Ein von einem → Mutterunternehmen direkt oder indirekt beherrschtes (→ Beherrschung) oder geleitetes Unternehmen. Der Begriff wird – typisch unpräzise für die Rechnungslegung – auch für Enkel- und Urenkelunternehmen und weitere Unternehmens-Abkömmlinge verwendet.

T

Top-down Approach*

Bei Topmanagern beliebter Ansatz zur Planung und zur Vorhersage von phänomenalen Ergebnissen: Die Vorhersagen und die Stimmung der Unternehmensspitze sind top, die Motivation der Mitarbeiter und die Ist-Ergebnisse sind down.

In der Rechnungslegung findet der Top-down Approach seinen Niederschlag in der vor dem Bilanzstichtag liegenden Festsetzung des Jahresergebnisses durch den → Vorstandsvorsitzenden (→ Bilanzmanagement).

✔

Topmanager

Ein Manager, der am Ende ist. → Peter-Prinzip

Lichtträger zur Erhellung finsterer Unternehmensprognosen und zur Erleuchtung der Schatten der Rechnungslegung (→ Vorstand; → Top-down Approach).

✔

Treasurer

(engl. = Schatzmeister) Kassenexponent oder Liquiditätsartist des Unternehmens, der mit Kreditlinien, Zahlungszielen und → Derivaten jongliert.

T

True and Fair View

(engl. = echt geile Schau) Ursprünglich: Speer und Schild der → Chartered Accountants gegen etablierte Grundsätze und durchsetzungsschwache Mandanten. Bulldozer der anglo-amerikanischen Rechnungslegung (→ Overriding Principle). In jedem Fall: Individuelle Auslegung der → Rechnungslegungsvorschriften mit der Anmutung von Willkürfreiheit.

Die bisherigen Versuche, den Begriff „True and Fair View" zu präzisieren, scheiterten daran, dass dem Wortsinn eine entscheidende Bedeutung zugemessen wurde (true = treu, echt, wahr; fair = blond, heiter, schön, gerecht; view = Aus-, Ab-, An- oder schlicht Sicht; daher wörtlich „in treuer Absicht eine Blonde im Angesicht").

Der Begriffsinhalt konnte bisher nur aus dem Prinzip der *Maßgeblichkeit des Abschlussprüfers* erklärt werden. Es kam darauf an, ob die im Jahresabschluss ausgedrückte „echte und heitere Aussicht" des → Bilanzmanagers dem True and Fair View-Konzept entsprach, das der Abschlussprüfer noch akzeptieren konnte.

Heute wird die True and Fair View wesentlich von → Standardsetzern und Börsenaufsehern (z.B. → SEC) bestimmt, die gegenüber der Praktikabilität von Regeln unempfindlich sind.

U

Übernahmeangebot

Angebot an die Aktionäre zur Übernahme ihrer Aktien, bei dem sich der Anbieter oft übernimmt. Als feindliche Übernahme gebrandmarkt, wenn die Verwaltung der zu übernehmenden AG vom Übernahmeangebot unangenehm überrascht wird.

✔

Überschuldung

liegt vor, wenn das Eigenkapital unter null gesunken ist, also das Vermögen nicht mehr die Schulden deckt. Übergang von der Frust- zur Frostperiode für das Management. → Insolvenz

✔

Überziehung

a) (altmodisch) Anprobe von Mänteln (= Überzieher).

b) Überschreiten der Normalität. Beispiele: Zielvorgaben beim → Top-down Approach, die Höhe der Sollzinsen (Wahnzins) beim Bankkonto.

c) Unbedachtes Überschreiten einer Grenze, z.B. eines Kreditlimits.

Überziehungskredit

Kredit gegen überzogene Zinsen.

✔

Umlaufvermögen

Der Teil des Vermögens, von dem das hartnäckige Gerücht im Umlauf ist, dass es kurzfristig direkt oder indirekt in Geld umgewandelt wird.

✔

Umsatz

Wertansatz des Absatzes: Der Wert der während einer Periode verkauften Produkte oder Dienstleistungen.

✔

Umsatzkostenrechnung

Form der → GuV, die keine Umsatzkosten, sondern die dem → Umsatz der Periode zurechenbare Aufwendung zeigt.

✔

Umwandlung

Die wichtigsten Umwandlungen im Unternehmensbereich betreffen die Veränderung der Rechtsform der Unternehmen, die Entsorgung von Vorstandsmitgliedern in den Aufsichtsrat, die Verwandlung von Betroffenen zu Unbeteiligten und der Wechsel vom Täter zum unbefangenen Richter.

✔

Unabhängigkeit

Unabhängig ist man, wenn man sich um die Normen und Regeln, die man erlässt, selbst nicht kümmert.

✔

Unbefangenheit

Unbefangen ist man, wenn man Probleme, die einen selbst betreffen, als gelöst bezeichnet oder gar nicht anspricht.

✔

Unternehmensangehörige

Unternehmensangehörige unterteilt man in Mitarbeiter, Fachleute, Manager und Topmanager.

Die *Mitarbeiter* müssen den Hafer ernten, der die Topmanager gestochen hat. Wer nach mehrmaligem Ernteeinsatz einen Fehler sofort erkennt, wenn er ihn wiederholt, gilt als Fachmann.

Der *Fachmann* denkt nicht, er weiß – im Zweifel alles besser. Wenn die Besserwisserei zur Routine ausartet, spricht der Personalfachmann vom Führungspotential. Da Mitarbeiter mit Führungspotential auf den unteren Hierarchieebenen nur Unheil anrichten, werden sie mit gewohntem Fehlgriff zum Manager befördert.

Im Gegensatz zum Fachmann will der *Manager* nichts mehr wissen, aber er denkt. Er denkt, dass er sich bei der Arbeit zurückhalten muss, damit er die Übersicht nicht verliert, die er braucht, um den ihm unterstellten Mitarbeitern Arbeit zuweisen zu können. Wenn der Manager die Übersicht verliert, entwickelt er unternehmerisches Gespür. Wer die Übersicht verloren hat, sollte wenigstens das Unternehmen leiten und zum Topmanager promoviert werden.

Der *Topmanager* weiß nichts, hat keine Übersicht und braucht nichts mehr zu denken. Er verfügt über die höher besoldete Einsicht und gelangt zu der Weitsicht, mit der er das Naheliegende übersieht.

Als Gipfel des Topmanagements gilt die Konzernspitze. Sie fokussiert die Weitsicht der Topmanager auf die Konzernsicht. Die Reputation des *Konzernmanagers* steigt mit zunehmender Unübersichtlichkeit der Konzernstruktur.

Unternehmensberater

Die Blumenkinder der kapitalistischen Wirtschaft: Hochschulabsoventen, die sich zu keinem Beruf entschliessen konnten, Manager, deren Karriere beendet wurde, bevor sie begonnen hat, und Freigeister, die Kenntnisse durch Sendungsbewusstsein ersetzen.

Unternehmensberater versuchen, ausgewachsene Manager zu überzeugen, dass sie deren Aufgaben besser machen können, obwohl sie es noch nie gemacht haben und auch nie tun müssen.

✔

Unternehmensberatung

Die Konsultante aus Hochschulabschluss und Trends der Unternehmensführung (daher auch → Consultant).

Sucht der Unternehmensberater, von der sich auch Wirtschaftsprüfer, Banker, Anwälte und Politiker anstecken lassen. Der Beratungssucht entspricht bei den Opfern eine *Beratungsgier* der um Ideen oder Alibi verlegenen → Topmanager.

Der oberste *Grundsatz der Unternehmensberatung* lautet: „Fortiter in modo, banaliter in re". Dementsprechend läuft die professionelle Unternehmensberatung in folgenden Phasen ab:

– Präsentation des Unternehmensberaters (= Hypnose der Beratungsopfer)

- Analyse des Ist-Zustandes (= Klärung des Beratungsbedarfs)
- Befragung der Unternehmensangehörigen (= Ideensammlung für die Beratung)
- Imposante Verfremdung der unternehmensinternen Verbesserungsideen zu Vorschlägen des Beraters (= Ausarbeitung des Beratungskonzeptes)
- Präsentation zur Rechtfertigung der Honorarabrechnung (wichtigste Phase der Unternehmensberatung)

Zur Durchführung des Vorschlages sollte es aus Kostengründen und zur Wahrung des Rufes des Beraters eigentlich nicht kommen. Daher nennt man den rechtzeitigen Abgang des Unternehmensberaters „Implementierung" (= Einbau des Ausstiegs).

✔

Unternehmensbewertung

Ermittlung des Wertes eines Unternehmens als Ganzes (→ Unternehmenswert).

Höchste Form der Überforderung der → Wirtschaftsprüfer und der M&A-Experten, die durch die große Streubreite der Werte beeindruckt.

Die oft kritisierte Unberechenbarkeit der Unternehmensbewertung wird durch den *Grundsatz der resultativen Bewertung* überwunden: Art und Ergebnis der Unternehmensbewertung sind durch den vom Auftraggeber erwarteten Wert determiniert. Der aufgeschlossene Bewerter konzentriert sich dabei auf folgende Fragen:

- Welchen Zweck verfolgt der Auftraggeber mit der Unternehmensbewertung?
- Was bestimmt seine Wertvorstellung?
- Welchen Gremien wird der Auftraggeber das Bewertungsgutachten vorlegen und zu welchem Zeitpunkt?
- Wie können Dritte die Wertvorstellung des Auftraggebers ändern bzw. ihre eigenen Vorstellungen durchsetzen?
- Welche Auswirkungen können sich durch den festgestellten Unternehmenswert auf die Ziele und die Karriere des Auftraggebers ergeben?

Auftraggeber ist der Manager, der die Entscheidung herbeiführen will, die durch das anstehende Bewertungsgutachten begründet werden soll. Er lässt sich eindeutig daran erkennen, dass er nicht derjenige ist, der für die Entscheidung verantwortlich gemacht wird, wenn sie sich später als falsch oder nicht (mehr) opportun herausstellen sollte.

✔

Unternehmenskrise

Mieser Zustand eines Unternehmens, der oft verschlafen wird.

Wechseljahre der Topmanager.

Unternehmensplan

Monopoly für Topmanager.

✔

Unternehmenswert

Wert der Unternehmung als Ganzes, dessen Substanz im Ertragswert besteht, der sich als Barwert der unsicheren künftigen Geldüberschüsse ergibt. → Unternehmensbewertung

✔

Unternehmer

Der Mann, der im Unternehmen das Fenster bestimmt, aus dem das Geld hinausgeworfen wird (engl. = undertaker = Bestatter).

✔

Unterschlagung

Erfolgt nach dem Buchungssatz: Erkenne dich selbst, belaste die Firma.

✔

Upstream

Gegen den Strom schwimmend: von unten nach oben. → Downstream

U

User

nennen Computerprofis die Benutzer von EDV → Hardware und → Software, wenn sie „Idiot" meinen.

✔

US-GAAP

(Abk. = Generally Advertised Accounting Pressures der USA) US-amerikanische Rechnungslegungsgrundsätze, denen sich börseneilige ausländische Unternehmen zu beugen haben.

V

Verdeckte Gewinnausschüttung

Heimliche Kapitalrückzahlungen an Geschäftsinhaber oder Gesellschafter in Form von einseitigen Vorteilnahmen oder Vorteilsgewährung, z.B. Übernahme von Vermögenswerten unter Wert, überhöhte Honorare u.ä. Wird auch in Form der Selbstbedienung betrieben. Gesellschafts- und steuerrechtlich mit unangenehmen Folgen verbunden.

✔

Vereidigter Buchprüfer

Trotz starker Mutationsneigung vom Aussterben bedrohte Abart der Wirtschaftsprüfer.

✔

Verlust

Schmerzliche Entbehrung von Gewinn.

In der → GuV und in Bezug auf das → Geschäftsjahr weniger tragisch mit → Jahresfehlbetrag bezeichnet.

Verlustfreie Bewertung

Charmante Umschreibung für zwingende → Wertberichtigungen oder → Rückstellungen; führt paradoxerweise oft zum Verlustausweis.

✔

Verlustvortrag

a) *Erläuterung des Jahresfehlbetrages* durch den Vorstand vor Aufsichtsrat oder Presse. Erfordert höchste Kreativität bei der Wortwahl, wenn gewichtige Jahresverluste als unerheblich oder durch höhere Gewalt bedingt erklärt werden sollen.

Verluste muss man hinnehmen, während man Gewinne erzielt. „Leichte Verluste" sind solche, die 10 % des Eigenkapitals nicht übersteigen. „Größere Verluste" deuten darauf hin, dass ohne zielgerichtete Ausnutzung von Bilanzierungswahlrechten 50 % des Kapitals verloren gewesen wären oder dass der vortragende Vorstand für die eingetretenen Verluste nicht verantwortlich ist.

b) *Bilanzposten:* die noch aus Vorjahren verbliebenen Verluste, die durch → latente Steuerminderungen reduziert werden. Bilanztechnisch der aktivierte Teil des Eigenkapitals. → Saldo mortale

Vermögensanlage

Hingabe von Geld für Grundstücke, Wertpapiere, Edelmetalle und andere Werte mit dem frommen Wunsch, damit mehr Geld zu machen.

Merke: Die sicherste Form, um damit ein kleines Vermögen zu machen, ist, ein großes Vermögen einzusetzen.

✔

Vermögensgegenstand

Im HGB: Körperliche Gegenstände sowie Forderungen und andere Rechte, die Gegenstand des Rechtsverkehrs sein können. → Vermögenswert

✔

Vermögenslage

Vom Unternehmen gemaltes Bild, das einen möglichst guten Eindruck über die Zusammensetzung und Beschaffenheit seines Vermögens geben soll und das mehr oder weniger durch die → Grundsätze ordnungsmäßiger Buchführung retouchiert wird.

✔

Vermögenswert

Bei IAS/IFRS das Gegenteil von Schulden, nämlich eine Ressource, von der erwartet wird, dass aus ihr ein künftiger wirtschaftlicher Nutzen fließt.

Verrechnungspreise

Preise für konzerninterne Lieferungen und Leistungen, bei denen man sich stets verrechnet, weil die Steuerbehörden sie nicht anerkennen. Sollen dem → At-arm's-length-Prinzip entsprechen.

✔

Verschuldungsgrad

a) Anteil eines Managers an Fehlentscheidungen oder am Misserfolg des Unternehmens. Nimmt mit steigender Hierarchiestufe überproportional ab.

b) Maßstab für die tatsächlichen, vertretbaren oder zulässigen → Schulden eines Unternehmens, z. B. im Vergleich zum → Eigenkapital oder zum → Cashflow.

✔

Verwaltung der AG

Verweser der Aktionärsinteressen: → Vorstand und → Aufsichtsrat der AG.

✔

Verzinsung

Nachwuchssorgen des → Kapitals.

Vollkosten

Gesamtmenge aller Kosten des Unternehmens, die aus den Teilmengen → Einzel- und → Gemeinkosten besteht.

Nach der rudimentär noch anzutreffenden konservativen Auffassung müssen die Vollkosten langfristig durch die erzielten Erlöse gedeckt sein. Werden ständig nur die → Teilkosten gedeckt, ist ein → Saldo mortale unvermeidlich.

✔

Vollständigkeitserklärung

Zumutung für den auskunftspflichtigen → Vorstand zur Absolution des Abschlussprüfers: Erklärung des Vorstands, dass er alle prüfungsrelevanten Nachweise und Auskünfte vollständig erteilt hat oder hat erteilen lassen.

✔

Vorräte

Sind in Abhängigkeit von der Absatz- oder Beschaffungssituation entweder zu hoch oder zu niedrig, aber nie angemessen und häufig veraltet.

Vorsichtsprinzip

Der verrufenste Grundsatz der → GoB, weil der Kaufmann nur so vorsichtig bilanziert, wie er es sich leisten kann.

✔

Vorstand

Eine merkwürdige Bezeichnung für höchst bemerkenswerte Personen, die sich nur durch einen kleinen Buchstaben von „Verstand" unterscheidet.

a) *Gesetzliche Vertreter* einer AG und anderer Vereine, die bei der AG faktisch allein zur Leitung berechtigt sind und daher theoretisch durch den Aufsichtsrat überwacht werden sollen. Nach dem Gesetz sind alle Vorstandsmitglieder gleich, nur die Gehälter sind verschieden. Dieses Kollegialsystem bedeutet, dass die Verantwortung so aufgeteilt wird, dass keiner sie trägt.

b) *Angesehene Bezeichnung* für → Topmanager von Unternehmen jeglicher Rechtsform. Gemeinsame Kennzeichen: Selbstsicherheit und unerschütterlicher Glaube an die Unternehmensplanung.

c) Höchstbesoldete Einsicht im Unternehmen, die zwar oft im Irrtum, aber nie im Zweifel ist.

V

Vorstandsvorsitzender

Im stumpfen Glauben an die Überlegenheit der angelsächsischen Coroporate Governance von der → Kodex-Kommission empfohlene Herausstellung eines Vorstandsmitglieds. Leittragender der → Investors Relation und des Dialogs zwischen Vorstand und Aufsichtsrat.

W

Wächter der Rechnungslegung

Als Wächter der Rechnungslegung bezeichnet man die Erzwinger richtiger Jahres- und Konzernabschlüsse, die dafür sorgen, dass die Rechnungslegungsnormen unbeschadet des Unheils, das sie anzurichten vermögen, komplett und rigoros angewandt werden.

Der Urtyp der Bilanzwächter entwickelte sich in den USA in Gestalt des → SEC.

In Deutschland ist ein zweistufiges Verfahren in Diskussion: Ein privatrechtlich organisierter Wächterrat (→ Prüfstelle genannt) soll in repräsentativen Stichproben oder aus besonderem Anlass geprüfte Jahresabschlüsse überprüfen und ggf. erforderliche Korrekturen verlangen. Wird den Korrekturempfehlungen nicht gefolgt, so soll die → BAFin hoheitlich tätig werden.

✔

Wagnis

a) Das blinde Vertrauen in die Rechnungslegung.

b) Übernahme von Risiken, unverzichtbar bei unternehmerischen Aktivitäten → Risikomanagement.

Währungsgewinne und -verluste

Unregelmäßige Ebbe und Flut am Devisengestade.

✔

Warentermingeschäft

Kuhhandel ohne Kühe.

✔

Wechsel

Man unterscheidet kaufmännische und Wildwechsel. Gemeinsam ist beiden Arten, dass alle, die auf dem Wechsel stehen, in erhöhter Gefahr sind, dass ihr Wohlbefinden plötzlich ins Gegenteil wechselt. Ein jeder Wechsel schreckt den Glücklichen (Schiller).

✔

Werbegeschenke

Kultopfer unterschiedlichen Ausmaßes, die zum Ritus kaufmännischer Gepflogenheiten gehören.

Fiskalisch relevante *Korruptionalien,* die empfängerorientiert versteuert werden: beim Arbeitnehmer als geldwerter Vorteil, bei Dritten über 50 Euro voll und bei arabischen Scheichs und anderen Exoten überhaupt nicht.

W

Werbungskosten

Falsch: Aufwendungen für Werbung. Auch falsch: Aufwendungen, um bei einer Frau oder einem Mann zu landen.

Richtig: steuerlich abzugsfähige Ausgaben zum Erhalt der persönlichen Steuerkraft. Fiskalische Erscheinung des aufgeklärten Feudalismus.

✔

Wertberichtigungen

Bilanzposten mit ambivalentem Charakter. Wertberichtigungen sind entweder eine widerwillige Korrektur überhöhter Wertansätze oder willkommene Kürzungen von zu hohen Jahresüberschüssen. Im letzten Fall insbesondere in der Form der Pauschalwertberichtigungen beliebt.

✔

Window dressing

a) Fensterschmuck.

b) Salatsoße à la Window (nach Earl Garlic off the Window).

c) Abwertende Bezeichnung für die aufwertende Rechnungslegung des professionellen → Bilanzmanagements. Auch „Sylvesterputz" genannt. → Accounting for Growth

Wirtschaft

Allgemein zugängliche Stätte zur (vorwiegend in flüssiger und gemeinschaftlicher Form stattfindenden) Nahrungsaufnahme. Am Marktplatz gelegene Wirtschaften werden mit Marktwirtschaft bezeichnet, während Biergärten mit Baumbestand als Schattenwirtschaft zu charakterisieren sind.

✔

Wirtschaftlicher Unsinn

Kennzeichen und typische Folge erzieherisch gedachter Rechnungslegungsstandards (z.B. IAS 39) und fiskalisch vergewaltigter Steuergesetze (z.B. § 8 a KStG).

✔

Wirtschaftsjournalist

Ein Fachmann, der einen Jahresabschluss beurteilen kann, ohne ihn gelesen zu haben.

✔

Wirtschaftsprüfer

Notgeburt zum Schutz der schon im letzten Jahrhundert schwer gebeutelten Aktionäre. Während die ersten Wirtschaftsprüfer 1931 per Postwurfsendung ernannt wurden, wurden den nachfolgenden Generationen immer schwerere

Prüfungen auferlegt. Dieses Martyrium erklärt den sakralen Nimbus der Wirtschaftsprüfer, der einfachen Reisenden durch dicke unmoderne Aktentaschen auffällt, die offenbar mit den Steinen der Weisen gefüllt sind.

✔

Wirtschaftsprüferkammer

a) Abstellraum für → Abschlussprüfer in möglichst großer Ferne zu Buchhaltung, Auskunftspersonen und Kopiergeräten, dessen Einrichtung auf schnelle Testaterteilung abgestimmt sein sollte.

b) Brutstätte für bilanzrechtliche Probleme formalen Ausmaßes.

c) Selbsterhaltungsorganisation aller → Wirtschaftsprüfer und → vereidigten Buchprüfer. Bruderschaft des öffentlichen Rechts, der auch Schwestern angehören können.

Z

Zahlungsfähigkeit

Allgemeiner Zustand eines Unternehmens vor der Pleite.

✔

Zahlungsziel

a) Der dem Schuldner eingeräumte bzw. vom Gläubiger zugestandene Zahlungszeitpunkt, auf dem je nach Machtposition oder Zahlungsvermögen mehr oder weniger genau gezielt wird.

b) Zweck des Berufssports.

✔

Zeitwert

a) Der Wert, den man in der heutigen Zeit einem zuständigen Experten oder Amtsträger verkaufen kann.

b) Der am Bilanzstichtag den Vermögens- und Schuldposten beizulegende Wert, der entweder aus einem Marktpreis abgeleitet oder mit zeitgenössischen Verfahren ermittelt werden kann. → Fair Value

Zero Base-Budgeting

(amerik.: Budgetierung vom Nullpunkt) Kaufmännischer Versuch der Vergangenheitsbewältigung, der so tut, als habe es in der Vergangenheit kein Budget gegeben.

✔

Zielkonflikt

Begründung dafür, dass man nichts tut.

✔

Zielvorgaben

Himmlische Maßstäbe für irdische Zustände.

✔

Zitterprämie

Verdeckter Zuschlag beim Zins- oder Provisionssatz für mangelndes Zutrauen zum Schuldner oder für das Vertrauen in seine Einfalt. Im letzten Fall auch als Debilitätsaufpreis bezeichnet.

✔

Zuschuss

Krücke für lahme Unternehmen oder Branchen; Häresie der Marktwirtschaft.

Z

Zweckgesellschaft

Zweckgesellschaften sind auf Distanz gehaltene Beteiligungen eines Mutter- oder Tochterunternehmens mit dem Zweck, außerhalb des → Konsolidierungskreises Verbindlichkeiten oder Risiken von Konzernunternehmen zu übernehmen.

Weiterführende Literatur

Für den wissbegierigen Leser wurde in mühevoller Forschungsarbeit das nachfolgende Verzeichnis weiterbildender Fachliteratur zusammengestellt. Es wurden nur wenige, vorwiegend deutschsprachige und didaktisch ausgezeichnete Werke der neueren Zeit für würdig befunden, hier genannt zu werden. Sie alle vermitteln bahnbrechende Gemeinplätze zum Finanz- und Rechnungswesen und ergänzen sich zu einer zeitgemäßen Gesamtschau, sodass der aufgeschlossene Leser mühelos zum selbstbewussten Experten auf diesem Gebiet wird.

Alka-Seltzer, Die Publizität der Ereignisse, Bonn 1995

H. Alluzi, Nationale Rechnungslegung am Ende?, Köln 2004

M. Beshizza, Pomp, Tax and Circumstances, London 1993; Deutsche Ausgabe Berlin 2002

L. Darvinzi, Wenn die Bilanz aus dem Kontenrahmen fällt, Leipzig 1992

A. Dohle, Rechnungsleger in der Mauser, München 2004

T. Dulldozer, Linguistic Competence in Corporations, Boston 1994

B. Ende, Die Camouflage des Maßgeblichkeitsprinzips, 6. Aufl., Bonn 2003

F. J. Faillite, Cashflow de Vie, Paris 1995

S. Hakelmacher, Vom Teen-Ager zum Man-Ager, 2. Auflage, Wiesbaden 1996

S. Hakelmacher, Das Alternative WP-Handbuch, Düsseldorf 2000

S. Hakelmacher, Die korpulente Gouvernante, Köln 2002

W. Kummernuss, Der UN-Sinn internationaler Rechnungslegung, Frankfurt/New York 1997

M. Lassik, Unzucht mit Zahlen, Frankfurt 2003

Lean/Waterhose, Accounting Reengineering – Fair View on Accounting for Growth, New York 1994

Leuhoff/Kirch, Kommunikationskunst als hervorragender Schutzfaktor bei der Imagebildung, Hamburg 1997

E. M. Mental, Die Löcher des Bankgeheimnisses – Ein Deutungsversuch, Luxemburg 1994

Murks/Leut-Selig, Das Kapital als Zumutung bei der Selbstverwirklichung – Sozialistische Experimente zur Förderung der leistungslosen Gesellschaft, 2 Bände, 6. unveränderte Auflage, Berlin 1994

D. Orgelweide, Wegweiser durch die Bücherstube des Unternehmens, 4. Auflage, Frankfurt 1995

P. Raffzahn, Wie man Hedging-Instrumente hätschelt – Ein Sittenbild der Finanzinnovationen, Frankfurt 1995

E. Scheffler, Bilanzen richtig lesen, 4. Auflage, München 2004

Schmalz-Bemme, Das Belegwesen in der Sandwichfabrik, Berlin 1989

Zappen/Duster, Controlling außer Kontrolle – Der Soll-Ist-Vergleich als Störfaktor, 2. Auflage, Wiesbaden 1999

Nachwort

Dieses Nachwort ist zunächst für potentielle Leser gedacht, die ihr Kaufinteresse nicht nur vom Titel, sondern auch vom Schluss eines Buches abhängig machen. Darüber hinaus soll es die Wächter über kaufmännische Sitten und Gebräuche besänftigen, die das Lexikon auf den Nikkei-Index setzen wollen. Schließlich ist das Nachwort der letzte Versuch, Rezensenten des Buches von ungünstigen Vorurteilen abzubringen.

Dem aufmerksamen Leser wird eine gewisse Systematik des Buches nicht entgangen sein: Die behandelten Begriffe sind nach dem Alphabet geordnet. Dies ist rein beabsichtigt und nicht zufällig. Maßgeblich war die schwerwiegende Überlegung, dem geneigten Leser das Auffinden der einzelnen Begriffe zu erleichtern und ihre sachliche Zuordnung zu verdecken.

Als Handreichung für den geschätzten Querdenker wurden die lichtvollen Definitionen durch Hinweise auf andere Begriffe zusätzlich aufgehellt.

Bei den Erläuterungen ließ sich eine ungewollte Lehrhaftigkeit ebenso wenig vermeiden wie manche Leermeinung. Für den exzellenten Top-Manager wurden jene Schlüsselbegriffe gekennzeichnet, bei denen es nicht auf die Sinnhaftigkeit, sondern auf ihre Verwendung in der gehobenen Konversation ankommt.

Zu den zahlreichen Vorzügen des Buches gehört, dass bei Nicht-Gefallen einer Bezeichnung ein Vor- oder Rückwärtsblättern schnelle Erleichterung verschafft. Bei chronischer Frustration sei auf die Gebrauchsanweisung verwiesen, die auch in sonst aussichtslosen Fällen rasche Linderung verspricht.

Ergänzungs- und Verbesserungsvorschläge für die nächsten Auflagen werden gern entgegengenommen, denn der Autor ist auch nur ein Übermensch mit genialen Zügen.

Stichwortverzeichnis

Bitte beachten Sie
die nachfolgenden Verlagsanzeigen

Hakelmacher

Corporate Governance oder Die korpulente Gouvernante

Von *Sebastian Hakelmacher*. 127 Seiten DIN A 5, 2002, gbd. 24,80 € [D] / 41,80 sFr. ISBN 3-504-01007-X

Was Fans und Betroffene über Corporate Governance und ihr zentrales Organ, den Aufsichtsrat, eigentlich wissen sollten: Natürlich ist für schwere Pannen und heftige Pleiten von Unternehmen niemand persönlich verantwortlich.

Schuld ist allein – in aller Undeutlichkeit – die ungute „Corporate Governance" oder volksnah übersetzt die „Korpulente Gouvernante".

Teil A: Einstimmung des unbescholtenen Lesers auf die besonderen Reize der Corporate Governance.

Teil B: Ihre „wissenschaftlichen" Grundlagen und Ideale.

Teil C: Ihr liebster Zögling, der Aufsichtsrat, in Fragen und Antworten.

Verlag Dr. Otto Schmidt · Köln

Helsper

Wege für Beweger im Steuerwesen

5 Reden über kleine Ursachen mit großen Wirkungen.

Von Dr. *Helmut Helsper,* Ministerialrat im BMF. 165 Seiten DIN A5, 2001, gbd. 29,– € [D] / 48,70 sFr.
ISBN 3-504-20074-X

Steuerrecht wird von Menschen gemacht, von Menschen vollzogen und akzeptiert oder auch nicht. Die Bundesrepublik – einst Vorbild für Steuerrecht und Steuerverwaltung – ist im Steuerwesen in die 2. Liga der Nationen abgestiegen und auf dem Weg in die Drittklassigkeit.
Mit Fairness, Einsehbarkeit und Modernität der Besteuerung geht es bergab, während die Kosten gemessen am Aufkommen zu hoch sind. Dieses Buch richtet sich in fünf gut lesbaren Reden an Politiker, Richter, Führungskräfte der Steuerverwaltung, Sachbearbeiter und Berater, also die Verantwortlichen. Sein Anliegen ist die Einleitung einer Trendwende im Steuerwesen.

Verlag Dr. Otto Schmidt · Köln

Gerhardt

Das Lächeln der Justitia

Wenn man's noch einmal Recht betrachtet

Von Prof. Dr. *Rudolf Gerhardt*. Ca. 130 Seiten DIN A 5, 2005, gbd. ca. 25,– € [D]. ISBN 3-504-01832-1

Das Werk beinhaltet eine Sammlung kurzer Geschichten, die in subtiler Weise die Banalitäten des juristischen Alltags zeichnen und die Absonderlichkeiten des Menschen präzise, aber mit Wohlwollen herausstellen. Das Werk befasst sich zwar vornehmlich mit Juristen, ist aber nicht nur an diese gerichtet und eignet sich hervorragend als Geschenkband.

Verlag Dr. Otto Schmidt · Köln